독자의 1초를 아껴주는 정성!

세상이 아무리 바쁘게 돌아가더라도
책까지 아무렇게나 빨리 만들 수는 없습니다.
인스턴트 식품 같은 책보다는
오래 익힌 술이나 장맛이 밴 책을 만들고 싶습니다.

길벗은 독자 여러분이
가장 쉽게, 가장 빨리 배울 수 있는 책을
한 권 한 권 정성을 다해 만들겠습니다.

독자의 1초를 아껴주는
정성을 만나보십시오.

....

미리 책을 읽고 따라해본 2만 베타테스터 여러분과
무따기 체험단, 길벗스쿨 엄마 2% 기획단,
시나공 평가단, 토익 배틀, 대학생 기자단까지!
믿을 수 있는 책을 함께 만들어주신 독자 여러분께 감사드립니다.

홈페이지의 '독자마당'에 오시면 책을 함께 만들 수 있습니다.

(주)도서출판 길벗 www.gilbut.co.kr
길벗스쿨 www.gilbutschool.co.kr

아빠 놀이 백과사전

하루 1분, 아빠랑 아이의 행복한 시간

아빠 놀이 백과사전

조준휴·장기도 지음
정재희 아동발달전문가 감수

• 차례 •

시작하며

아빠 놀이 백과사전, 왜 만들었나? • 8

아빠 육아, 놀면서 하면 참 쉽다! • 11

아빠 놀이 백과사전 사용 설명서 • 14

16개의 놀이 효과 • 18

아이와 놀이의 핵심은 눈빛 • 26

아빠 놀이의 달인이 되는 비법 세 가지 • 28

기는 아이

거미가 줄을 타고 올라갑니다 • 32

박스 썰매 • 34

비닐봉지 풍선 놀이 • 36

뽀뽀 놀이 • 38

시계추 놀이 • 40

아빠 굼벵이 • 42

아빠 런지 • 44

아빠 비행기 • 46

아빠 스쾃 • 48

아빠 역도 • 50

아빠 오뚝이 • 52

아빠 VR • 54

우리 집 음악대 • 56

이불 그네 • 58

이불 김밥 • 60

이불 썰매 • 62

통나무 들기 • 64

파리지옥 놀이 • 66

푸시업 터널 • 68
한 뼘 두 뼘 키재기 • 70
회전 그네 • 72

걷는 아이

공 위에서 균형 잡기 • 76
과자 따 먹기 • 78
그대로 멈춰라 • 80
목말 택시 • 82
목소리 오래 내기 • 84
발등 걸음마 • 86
발바닥 전화 • 88
베개 싸움 • 90
보리 쌀 • 92
수건 줄다리기 • 94
스파이더맨 • 96

신문지 공놀이 • 98
신문지 눈싸움 • 100
신문지 섬 • 102
신문지 격파 • 104
아빠 철봉 • 106
아빠 택시 • 108
어떤 손가락? • 110
어부 놀이 • 112
이불 두더지 • 114
이불 로데오 • 116
장애물 코스 • 118
종이비행기 날리기 • 120
종이컵 속 물건 찾기 • 122
종이컵 전화 • 124
책 징검다리 • 126
풍선 발차기 • 128
풍선 스파이크 • 130
풍선 장풍 • 132

하이파이브 놀이 • 134

화장지 컬링 • 136

뛰는 아이

과자 던져서 먹기 • 140

끝말잇기 • 142

높이뛰기 • 144

눈싸움 • 146

닭싸움 • 148

동전 과녁 맞히기 • 150

동전 받기 • 152

동전 본뜨기 • 154

동전 제기차기 • 156

동전 팽이 • 158

등에 글씨 쓰기 • 160

림보 • 162

발바닥 씨름 • 164

베개 격파 • 166

베개 옮기기 • 168

병뚜껑 알까기 • 170

보물찾기 • 172

손바닥 씨름 • 174

손수건 날리기 • 176

수건 꼬리잡기 • 178

숨바꼭질 • 180

아빠 로데오 • 182

아빠 물레방아 • 184

아빠 인형 뽑기 • 186

아빠 진드기 • 188

아빠 몸 등산 • 190

양말 벗기 놀이 • 192

양말 비석치기 • 194

양말 뺏기 놀이 • 196

엉덩이 달리기 • 198

엉덩이 씨름 • 200

웃음 참기 놀이 • 202

인형 농구 • 204

입술 젓가락 • 206

점 잇기 • 208

젓가락 투호 • 210

종이컵 사람 만들기 • 212

종이컵 쌓기 • 214

책 도미노 • 216

책 탑 쌓기 • 218

청개구리 놀이 • 220

통나무 넘기 • 222

투우 놀이 • 224

페트병 볼링 • 226

페트병 야구 • 228

풍선 싸움 놀이 • 230

화장지 탑 쌓기 • 232

화장지 입바람 축구 • 234

매일 놀이

매일 놀이 3종 세트 • 236

시작하며

아빠 놀이 백과사전, 왜 만들었나?

아빠가 정말 즐겁고 행복합니다

안녕하세요. 저는 세 아이의 아빠이자 주식회사 플레이포식스의 대표 조준휴입니다. 가정이 무엇보다 중요하다고 생각하며 살아왔습니다. 하지만 왜일까요? 정작 제 가정에서 문제가 생겼습니다. 사랑하는 아내와의 관계가 소원해졌고, 소중한 아이들과도 상당한 거리감이 생겼습니다.

　어느 날 퇴근하고 집에 갔는데 아이들이 엄마 옆에 붙어서 "아빠 가! 아빠 가!"라며 저를 밀어냈습니다. 정말 충격이었습니다. 그런데 이런 일들이 계속 반복되었습니다. 가정을 위한 일이라고 생각하고 열심히 달려왔는데 정작 가장 소중한 곳에서 인정받지 못하고 거리가 멀어지는 현실에 무척 슬프고 억울했습니다.

"아빠 가! 아빠 가!"

　무언가 잘못되었다는 것을 느끼고 고민에 빠졌습니다. 그때 깨달은 것은 함께 시간을 보내지 않으면 함께 행복할 수 없다는 것이었습니다. 그리고 하루가 다르게 커가는 아이들의 시간은 결코 되돌릴 수 없다는 것이었습니다. 그러던 중 우연히 아빠 놀이를 알게 됐습니다. 거창한 놀이가 아니었습니다. 배방구, 신문지 격파, 박스 썰매처럼 모두 이름만 들어도 알 만한 간단한 것들이었습니다. 그런데 한번 관심을 가지니 주변의 어떤 것이든 훌륭한 놀이의 소재가 되었습니다. 그래서 결심했습니다.

"아주 잠깐이라도 좋으니 매일 아이들과 놀자!"

그날부터 저는 퇴근 후 아무리 피곤하고 힘들어도 아이들과 놀기 시작했습니다. 간단한 1분 놀이가 10분이 되고 1시간도 되었습니다. 그렇게 한 지 한 달도 채 되지 않았는데 놀라운 일들이 벌어졌습니다. 제가 퇴근하고 들어가면 "아빠다!" 하고 다다다다 달려오는 아이들의 소리가 들립니다. 아이들과 한층 가까워졌음을 느낍니다. 고된 육아로 지쳐 있던 아내와의 관계도 많이 좋아졌습니다. 무엇보다 제가 정말 즐겁고 행복합니다.

아빠 놀이의 힘은 실로 대단했습니다. 이를 통해 경험한 행복을 더 많은 아빠와 함께 나누고 싶습니다. 아빠의 작은 행동 변화가 한 가정의 행복한 변화로 이어질 수 있다고 믿기 때문입니다. 그래서 그동안 해오던 일을 멈추고 '아빠랑' 서비스를 만들어가기 시작했습니다. 한 명의 아빠랑 아이가 행복하면 온 세상이 행복해질 수 있다는 꿈을 가지고 말이죠.

몰라서 못 하는 아빠 육아

한국 아빠들은 세계에서 가장 강도 높은 노동시간을 자랑하는 대한민국의 직장에서 살아남아야 합니다. OECD의 통계에 따르면 우리나라 아빠들이 평일 저녁에 아이와 함께 보내는 시간은 평균 6분에 불과하다고 합니다.

퇴근 후에는 가정으로 돌아와 육아에 참여하는데 여기서 문제는 정작 본인들은 아빠들과 놀아본 경험이 별로 없다는 것입니다. 실제로 설문조사에 응답한 52%가 육아의 어려움으로 '아이와 어떻게 놀아야 할지 모른다'를 꼽았습니다.

《아빠 놀이 백과사전》 바로 이런 분들을 위해 탄생했습니다

바쁜 아빠　무거운 업무량으로 인해 자녀와의 시간이 부족합니다. 평일 저녁에 짧지만 함께하는 그 시간이 행복할 수 있도록 1분이면 할 수 있는 간단 아빠 놀이 방법을 소개합니다.

경험 부족 아빠　30~40대 아빠들은 어렸을 때 그들의 아빠들과 함께 시간을 보냈던 기억이 많지 않습니다. 산업화 세대였던 아빠의 아빠들은 시대적, 문화적, 경제적 여건으로 인해 육아에 거의 참여하지 못했기 때문입니다.

만 2~7세 자녀를 둔 아빠　아빠랑 아이가 본격적으로 놀 수 있는 시기는 아이의 신체가 급격하게 발달하는 만 2세부터입니다. 이 시기엔 특히 아빠와의 교감이 매우 중요하다고 많은 전문가들은 이야기합니다.

퇴근 후 육아하는 아빠　평일 저녁에 퇴근한 후에는 현실적으로 특별한 활동이 어렵습니다. 가뜩이나 시간도 별로 없는데 놀기 위해 장소를 이동하거나 준비하는 것은 지나친 사치입니다. 바로 지금! 여기! 집 안에서 할 수 있는 놀이들이 필요합니다.

　　대부분의 기존 육아 서비스는 엄마에게만 초점이 맞춰져 있습니다. 육아 참여는 당연시되지만 가정을 돌보기 위해서 정시퇴근하는 것은 당연시되지 않는 사회 속에서 고군분투하는 아빠들을 위해 만들었습니다.

아빠 육아, 놀면서 하면 참 쉽다!

엄마가 있는데 아빠도 필요합니까?

엄마와 아이의 시간만큼이나 아빠와의 시간도 아이의 정서적 성장 균형에 중요합니다. 아빠 몸에 매달려 있는 아이는 약간의 위험을 느끼면서도, 아빠가 자신을 붙잡아주고 있다는 생각에 안심하며 안정감과 유대감을 갖게 됩니다.

성장기에 아빠와 함께 많은 시간을 보낸 아이들은 성인이 되어서 사회적으로 높은 성취를 이룰 가능성이 더 높다고 합니다. 특히 창의력, 리더십, 자제력이 뛰어나며 학습능력에서도 두각을 보인다고 합니다. 캘리포니아대학의 로스 파크Ross D. Parke 교수는 이와 같은 아빠의 영향력을 '아빠 효과Father Effect'라고 불렀습니다.

그 밖에도 아빠의 신체 놀이는 아이의 감정을 조절하는 데 탁월한 효과를 보이고, 아이가 주도하는 창의적인 아빠 놀이가 아이의 성취감을 높이고 창의력 발달을 도와서 리더십을 키우는 데도 큰 효과가 있다는 등의 무수한 연구 결과가 존재합니다.

왜 아빠 놀이인가요?

놀이는 아이의 본능이자 삶 그 자체입니다. 소가 태어나자마자 일어서려고 애쓰듯이 아이가 즐거움을 찾아서 노는 것은 자연스러운 행동입니다. 이 놀이 속에 중요한 비밀이 있습니다. 아이들은 인생의 중요한 해답을 놀이를 통해서 찾아갈 수 있다는 사실입니다.

언어 발달이 충분히 이뤄지지 않은 영유아기의 아이들에게 놀이는 자신의 감정을 가장 안정적이고 쉽게 표현할 수 있는 수단입니다. 또한 대부분의 놀이는 누군가와 함께 하는 경우가 많습니다. 함께 규칙을 세우고 서로를 배려하면서 높은 사회성이 발달합니다.

아울러 놀이를 통해 다양한 문제들을 해결하는 과정을 거치면서 건강한 자존감이 형성됩니다. 놀이는 가장 안전하고 즐겁게 실패를 경험하는 과정이기 때문입니다. 그 밖에도 창의성, 인지발달 등 놀이의 긍정적인 효과는 셀 수 없이 많습니다. 아이들에게 놀이가 꼭 필요한 이유입니다.

영유아기는 신체의 발달이 곧 모든 발달의 기초가 되는 시기입니다. 건강한 신체 활동을 통해서 오감을 느끼며 감각 기능이 발달하고 면역력이 강화됩니다. 자신의 감정과 생각을 표현하고 주변의 사람과 사물, 환경을 이해합니다. 공동체의 규칙을 준수하고 함께 문제를 해결하는 능력을 배우게 됩니다.

영유아기의 아이들과 신체 활동을 할 수 있는 적임자가 누구입니까? 바로 아빠입니다. 아빠의 강한 힘과 체력, 자유로움과 창의력, 오버액션과 유머는 아이들을 즐겁게 만듭니다. 아빠야말로 아이와 놀 수 있는 최고의 상대인 것입니다. 아빠랑 함께라는 것만으로도 아이들은 너무 행복합니다. 그런데 중요한 것은 아이와 행복한 시간을 보낼 때 아빠는 더 행복하다는 것입니다. 가장으로서의 권위와 책임이 함께 세워질 수 있습니다.

아내가 남편에게 가장 바라는 것, 아빠 놀이

육아한다고 해놓고 놀면 아내가 싫어하진 않을까요? 절대 그렇지 않습니다. 한 육아 관련 설문조사에 의하면 '남편에게 가장 바라는 육아' 1위는 바로 '놀이(52%)'였습니다. 또한 '좋은 남편의 조건'으로 꼽은 1위 또한 '아이와 잘 놀아주는 남편(47%)'이었습니다. 놀랍게도 아빠 놀이를 가장 원하는 사람이 바로 아내입니다. 아빠들이 아이와 놀기 시작

하면 엄마에게 자유가 주어집니다. 아이를 돌보면서 고단했던 하루에서 잠시나마 휴식을 취할 수 있는 시간입니다. 사랑하는 아내가 평안함과 만족감, 해방감을 누릴 수 있도록 도와주세요!

페이스북에서 '아빠랑'을 검색하세요

저희는 현재 페이스북 '아빠랑'을 통해서 아빠들을 위한 육아 콘텐츠를 공유하고 있습니다. 퇴근 후에도 특별한 준비 없이 아이들과 함께 할 수 있는 아빠 놀이 콘텐츠를 비롯하여 아빠들에게 유익한 정보 & 감동 콘텐츠를 전달합니다. 시작한 지 1년 만에 1만 명이 넘는 분들께서 팔로우해주셔서 참으로 신기하고 감사합니다. 페이스북에 가셔서 아빠랑 페이지에 '좋아요'를 누르시면 새로 업데이트되는 아빠 놀이와 아빠를 위한 육아 콘텐츠를 구독하실 수 있습니다!

《아빠 놀이 백과사전》 사용 설명서

아이와 함께 시간을 보내고 싶은 마음은 있는데, 바쁘고 지치고 때론 놀아주는 방법을 몰라서 고민이셨나요? 이 《아빠 놀이 백과사전》이 보탬이 되겠습니다. 수록된 놀이 대부분은 1분 내외로 할 수 있습니다. 특별한 준비도 필요 없습니다. 장소도 구애받지 않습니다. 아빠와 아이가 함께 놀고자 하는 마음만 있으면 됩니다.

놀이 콘텐츠

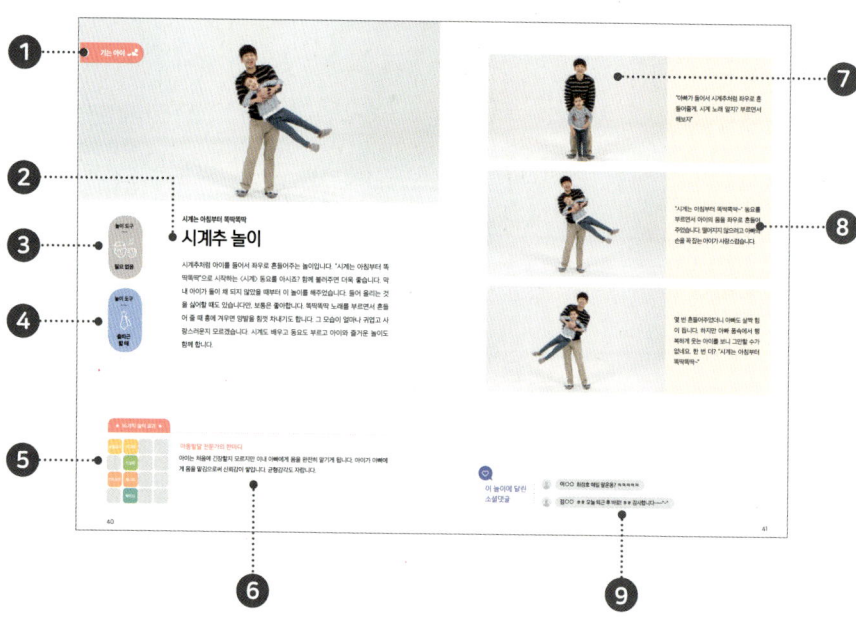

❶ 대범주 : 발육 상태　　❷ 놀이 이름　　❸ 소범주1 : 놀이 도구
❹ 소범주2 : 놀이 상황　　❺ 16가지 놀이 효과　　❻ 전문가의 한마디
❼ 단계별 이미지　　❽ 설명 텍스트　　❾ 소셜 반응

이 간단한 놀이 속에 엄청난 비밀이 숨겨져 있습니다. 우리가 미처 인지하지 못한다고 하더라도 각 놀이 속에는 아이의 신체적, 정서적, 인지적, 사회적 발달을 촉진하는 요소들이 골고루 갖추어져 있습니다. 놀아야 할 시기에 제대로 놀기만 해도 아이는 인생을 살아가는 데 꼭 필요한 것들을 스스로 배워나갈 수 있습니다. 그것을 잊지 마세요. 놀이의 효과는 실로 대단합니다. 놀이는 아이가 세상을 배우는 첫걸음입니다. 하루에 1분이어도 좋습니다. 아빠가 꾸준히 아이와 함께해주세요!

대범주 : 발육 상태 3단계

《아빠 놀이 백과사전》에 수록된 놀이는 아이의 발달 과정에 따라서 다음과 같이 3단계로 기준을 정했습니다. 신체 발달이 언어나 감정 같은 모든 발달과 완벽하게 일치하지는 않지만 깊이 연관되어 있어 대부분의 아이들에게 적용할 수 있고, 눈으로도 발달 상황을 쉽게 측정할 수 있기 때문입니다.

기는 아이 / 걷는 아이 / 뛰는 아이

다만 놀이 분류는 참고사항일 뿐입니다. 아이의 발달 단계, 감정적 상태와 아빠의 컨디션 등에 따라 자유롭게 놀이할 수 있습니다. 또한 전 단계에 해당하는 놀이는 그다음 단계의 아이도 충분히 할 수 있습니다. 예를 들어 '비닐봉지 풍선 놀이'는 '1단계: 기는 아이'로 분류했지만 걷는 아이와 뛰는 아이도 얼마든지 즐겁게 놀이할 수 있습니다. 상황에 적합한지에 대한 판단은 우리 아빠가 가장 잘할 수 있습니다.

소범주1 : 놀이에 필요한 도구
신체놀이, 신문지, 종이컵 등 손쉽게 활용할 수 있는 소재에 따라서 놀이를 나누었습니다.

| 종이컵 | 줄 | 책 | 페트병 | 풍선 | 화장지 | 젓가락 |

소범주 2 : 놀이가 유용한 상황

아빠가 육아할 때 마주하는 상황별로 필요에 맞는 놀이를 찾을 수 있도록 범주를 구성하였습니다.

| 제대로 놀고 싶을 때 | 출퇴근 할 때 | 아무 때나 | 아빠가 피곤할 때 | 아빠한테 운동됨 |
| 장난치고 싶을 때 | 가만히 있을 때 | 대기할 때 | 실내에서 | 에너지 발산 |

16개의 놀이 효과

놀이가 영유아 발달에 미치는 긍정적인 효과들은 이미 학계에서 다양한 관점에서 규명하고 있지만 '아빠 놀이'에 딱 맞는 옷은 아니었습니다. 때문에 저희는《아빠 놀이 백과사전》만을 위해 독자적인 놀이 효과 프레임워크를 개발하였습니다. 네 가지 발달 영역(신체, 정서, 인지, 사회) 안에 16개의 세부 발달 항목을 구분하여 전인적인 발달 효과를 규명할 수 있도록 하였습니다.

네 가지 발달 영역   세부 발달 항목

신체적 발달

영유아기의 아이들과 함께하는 아빠 놀이는 특별히 몸으로 하는 활동이 많습니다. 이러한 활동들은 폭발적인 성장기에 있는 아이들의 신체적 발달에 큰 도움을 줍니다. 건강한 신체 발달은 모든 성장 발달의 기본입니다.

피부감각 아이의 부드러운 피부를 통해 감각이 전해지는데요. 아이들은 이 촉감을 통해 자기 자신이 어떤 존재인지를 느껴갑니다. '거미가 줄을 타고 올라갑니다' 놀이가 있습니다. 아빠가 포근히 자신을 안고 눈을 마주치며 함께 동요를 부릅니다. 그러다 아빠 손가락 거미가 몸을 쿡쿡 찌르면 간지럽기도 하고 즐거워요. 아빠의 따스한 온기와 놀이의 즐거움이 아이에게 전해지고 아이는 자신이 사랑받는 존재임을 경험합니다.

균형감각 어느 한쪽으로 기울어지거나 치우치지 않고, 평소의 상태를 유지할 수 있는 감각이 길러집니다. '아빠 로데오' 놀이를 할 때 아이가 아빠의 등 위에 올라탑니다. 아이를 떨어트리기 위해서 아빠가 몸을 흔들고 움직입니다. 하지만 아이는 떨어지지 않기 위해서 아빠를 붙잡기도 하고 스스로 균형을 유지하기 위해 노력합니다. 이 과정에서 아이는 자연스럽게 자신의 무게중심을 유지하는 법을 익혀나갈 수 있습니다.

민첩성 자신의 신체를 신속하게 조작하는 능력 또는 순간적으로 강한 힘을 발휘하는 능력이 길러집니다. 아빠 다리 밑을 통과하는 '장애물 코스' 놀이가 있습니다. 아빠가 다리를 접었다 펼쳤다 하는 동안 작은 공간이 생깁니다. 아이가 아빠를 관찰하다가 이 틈을 통과하기 위해서 재빠르게 들어갑니다. 장애물에 걸리지 않기 위해서 신속하게 자신의 몸을 움직여서 통과합니다. 이 과정에서 순발력과 민첩성이 발달될 수 있습니다.

근·지구력   아이의 근육이 발달하고 오랫동안 견디는 힘을 기를 수 있습니다. 아빠의 몸을 타고 오르는 '아빠 몸 등산' 놀이가 있는데요, 아이가 아빠의 몸을 오르기 위해서는 아빠를 밟고 붙잡으면서 각종 근육을 사용하게 됩니다. 또한 떨어지지 않기 위해 있는 힘껏 아빠의 몸에 매달려 버티기도 해요. 팔다리의 힘을 사용하며 자기의 신체를 조절하고 몸이 힘들어도 버텨내는 경험을 하게 됩니다. 이 과정에서 아이의 신체 근육과 지구력이 발달하고, 어렵고 고된 상황에서도 주어진 일을 지속해갈 수 있는 잠재적 능력이 자라납니다.

정서적 발달

놀이는 아이의 정서적 발달 및 정신건강에 도움을 줍니다. 놀이를 통해 자신의 감정과 스트레스를 잘 다스리고, 자신감과 긍정적인 자아상을 형성할 수 있습니다. 아울러 함께 놀이하는 사람과 정서적 교감을 높일 수 있습니다.

스트레스 해소   놀이를 통해서 아이는 자신의 감정을 표현하고 스트레스를 잘 다스리게 됩니다. '베개 격파' 놀이는 아빠가 푹신한 베개를 꼭 잡아주면 아이가 베개를 마음껏 때리고 노는 놀이입니다. "이얍!" 기합도 넣습니다. 주먹으로 치고 발로도 차고 몸으로 덤벼들기도 하면서 에너지를 마음껏 분출합니다. 이 과정에서 아이가 가지고 있는 스트레스가

해소될 수 있습니다. 제때 스트레스가 잘 해소된 아이들이 역경이나 고난을 이겨내는 긍정적인 힘을 의미하는 '회복 탄력성'도 높아진다고 합니다.

친밀감　아빠 놀이는 신체 접촉이 특히 많습니다. 예를 들어 '아빠 역도' 놀이에서 아이는 역기, 아빠는 선수입니다. 아빠가 아이 역기를 번쩍 들어올렸다가 내렸다가를 반복하는 놀이입니다. 아빠의 품속에서 아이는 따뜻함을 느끼며 나를 꼭 붙잡아주는 아빠에게 신뢰를 느낍니다. 나를 배려하고 존중해주는 아빠를 통해서 아이가 자기 스스로에 대해서 긍정적인 마음을 가지게 됩니다. 아빠 역시 힘들지만, 아이를 안고 있으면 나도 모르게 힘이 납니다. 품 안에 있는 아이가 살갑고 사랑스럽습니다.

자신감　놀이는 가장 안전하게 실패를 경험할 수 있는 수단입니다. 문제를 해결하는 과정에서 넘어졌다가 다시 일어서서 도전하는 경험을 지속해서 합니다. '종이컵 쌓기' 놀이를 하다 보면 도중에 무수하게 쓰러집니다. 익숙해져서 거의 완성될 즈음 또 한 번 쓰러지기도 합니다. 속상하지만 이것 또한 하나의 과정일 뿐입니다. 쓰러진 종이컵을 하나씩 다시 쌓으면 됩니다. 결국은 멋진 탑을 만들고야 맙니다. 이 놀이를 통해서 아이는 자기 자신을 믿고, 자신을 사랑하는 힘을 가지게 됩니다.

자기조절력　자기의 감정을 스스로 조절하는 능력이 향상됩니다. 영유아기의 아이들이 특히나 어려워하는 영역입니다. 하지만 놀이 과정에서 자연스럽고 효과적으로 자기조절력을 기를 수 있습니다. 동전을 손가락으로 툭 쳐서 팽이처럼 빙글빙글 돌리는 '동전 팽이' 놀이가 있습니다. 팽이를 돌리려면 미세한 힘의 조절과 요령이 필요합니다. 처음 해보는 아이에게는 쉽지 않습니다. 잘 돌아가지 않을 때 화가 나고 답답합니다. 하지만 아빠의 응원과 격려를 통해서 아이는 자신의 감정을 조절합니다. 그리고 놀이에 집중하면서 다시 도전합니다.

인지적 발달

아이의 언어 발달과 지적 발달에 도움을 줍니다. 놀이를 하려면 상대방과 의사소통을 해야 합니다. 이 과정에서 자연스럽게 말하고 듣고 읽고 쓰기를 합니다. 또한 규칙을 정하고 문제를 해결하는 과정에서 탐구하고 상상하고 집중력을 발휘합니다.

언어능력   아이들은 놀이 속에서 자연스럽게 의사소통합니다. 자신의 감정을 표현하고 상대방의 이야기를 경청하기도 합니다. 자연스럽게 말하고, 듣고, 읽고, 쓰면서 언어능력이 크게 발달합니다. 처음 사람이 제시한 단어의 끝말을 이어가는 놀이인 '끝말잇기'는 대표적인 언어 놀이입니다. 아이는 놀이 과정에서 자기가 알고 있는 단어를 사용하고 또 듣기도 합니다. 모르는 단어들이 나오면 궁금해서 아빠에게 물어보기도 합니다. 설명하는 과정에서 어휘력도 발달합니다. 이와 같은 놀이는 언어능력 발달에 직접적인 도움을 줍니다.

창의력   아이들은 놀이 과정에서 완전히 새로운 것을 생각하거나, 기존의 것을 조합하여 새로운 것으로 개선합니다. 예를 들어 '책 탑 쌓기' 놀이가 있습니다. 아이가 다양한 모양

으로 책을 쌓습니다. 일자로 천장까지 높이 쌓아올리기도 하고, 책 탑 사이의 공간에 인형을 넣어서 소꿉놀이를 하기도 하고, 옆으로 펼쳐 쌓아서 넓은 운동장을 만들기도 합니다. 놀이할 때마다 자유자재로 책을 쌓고 놀이합니다. 아이가 주도하는 놀이 속에는 상상한 모든 것이 이루어질 수 있습니다.

집중력 놀이는 아이의 본능과도 같습니다. 누가 시키지 않아도 즐겁게 놀이하는 순간에 마음과 생각을 집중합니다. '보리 쌀' 놀이를 할 때 아이가 술래가 돼서 아빠의 주먹을 잡으려고 기다립니다. 아빠가 무엇을 외치는지 집중해서 듣습니다. 아빠의 주먹이 언제 날아오는지 예리한 눈과 모든 감각으로 집중합니다. 보리가 나오면 잡지 않고 쌀이 나오면 순간적으로 힘을 줘서 아빠의 주먹을 잡습니다. 실패하면 성공할 때까지 다시 도전합니다. 놀라운 집중력입니다.

관찰력 아이는 놀이를 함께하는 아빠, 주변 환경, 사물을 면밀하게 관찰합니다. 어떤 문제를 이해하고 해결책을 찾아가는 데 있어서 꼭 필요한 과정입니다. 상대방의 뒤춤에 꽂은 수건 꼬리를 잡아서 빼내는 '수건 꼬리잡기' 놀이를 할 때 아빠가 수건 꼬리를 흔들며 잡아보라는 시늉을 합니다. 동시에 아이의 꼬리를 뺏으려고도 합니다. 이때 아이는 아빠가 하는 행동을 주의해서 관찰합니다. 아빠가 공격할 때는 자기의 꼬리를 방어하고, 상황이 유리할 때는 적극적으로 꼬리를 뺏으려고 달려듭니다.

사회적 발달

놀이는 대부분 누군가와 함께 합니다. 상대방의 감정에 공감하고 배려하고 또는 이것들을 받기도 합니다. 상의해서 규칙을 만들거나 준수하고, 문제를 해결하기 위해서 협동심을 발휘하기도 합니다. 이 모든 것이 긍정적인 대인관계의 기초가 됩니다.

공감능력 함께 놀이하는 상대방의 감정을 읽고 공감하고 헤아립니다. 공감능력은 우리가 더불어 살아가는 데 가장 필요한 능력이죠. '하이파이브 놀이'가 있는데요, 손의 높이를 바꿔가며 하이파이브 하는 놀이입니다. 아이가 잘했을 때 "잘했어!", 격려가 필요할 때 "파이팅!" 하고 공감하며 응원하는 작은 공감의 과정입니다. 이 놀이 속에서 아이는 자신이 받아들여지는 즐거운 경험을 하는데요. 스스로 소중한 존재임을 느끼고, 나아가 다른 이를 위로하고 보듬는 공감능력이 큰 아이로 자랄 수 있습니다.

소통능력 놀이를 하는 과정에서 자기 생각을 표현하고 상대방의 이야기를 들으며 함께 문제를 해결해나갑니다. 예를 들어 신문지로 공놀이를 하고 있습니다. 한 아이는 신문지 공으로 축구를 하고 싶고 한 아이는 야구를 하고 싶습니다. 티격태격하기도 하지만 이내 둘이서 상의합니다. 축구를 먼저 하고 야구를 그다음에 하기로 순서를 정하거나, 축구공으로 야구를 혹은 야구공으로 축구를 하기도 합니다. 아이들이 서로 소통하면서 갈등 상황을 슬기롭게 해결해낸 것입니다.

배려심 상대방의 마음에 공감하고 서로 양보해주며 아이들의 배려심이 자랍니다. 언니와 동생이 함께 페트병으로 야구를 합니다. 언니가 공을 힘껏 때렸습니다. 홈런! 그런데 다음 차례의 동생이 헛스윙했습니다. 이제 언니의 차례지만 동생이 홈런을 칠 때까지 양보하고 옆에서 응원합니다. 이윽고 동생이 홈런을 치면 마치 자기의 일인 양 함께 기뻐하는 멋진 언니입니다. 그런 언니의 배려에 동생은 고마움을 표현합니다. 이렇게 받은 배려의 마음을 언젠가 언니에게 혹은 다른 사람에게 돌려줄 겁니다.

협동심 놀이 과정에서 상호 신뢰를 바탕으로 협동하고 주어진 규칙을 준수하다 보면 상대방에 대한 신뢰감이 생깁니다. 우리는 하나라는 연대감과 협동심이 형성됩니다. 예를 들어 '동전 받기' 놀이가 있습니다. 아이가 아빠를 향해 동전을 던집니다. 하지만 작은 동전을 정확하게 던지는 것은 아이에게 아직 어렵습니다. 아빠가 한마음으로 응원하면서 기다려줍니다. 이윽고 정해진 라인에 서서 동전을 정확하게 던졌습니다. 혹은 잘 못 던져도 아빠가 슈퍼 캐치를 했습니다. 공통의 목표를 이룬 아빠와 아이 모두가 너무나 기쁩니다.

아이와 놀이의 핵심은 눈빛

오늘 아이와 눈맞춤 하셨나요?

아이와 놀이에 있어서 가장 중요한 것은 무엇일까요? 아빠, 엄마로 아이와 지내오며 각자 떠오르는 바가 있으리라 생각합니다. 제가 말씀드리고 싶은 것은 바로 '눈빛'입니다. 아이와 눈을 마주치고 아이가 바라보는 것을 함께 바라보는 것 말입니다.

사실 아이는 아빠를 먼저 바라보고 있었던 것 같아요. 그런데 정신없고 바쁘다는 이유로 혹은 다른 생각에 잠겨 아이의 눈을 제대로 바라보지 못했을 때가 많은데요. 괜스레 아이에게 미안합니다. 그런데 신기하게도 아빠가 이따금씩 진지하게 아이의 눈을 바라보면 아이가 웃음을 터뜨리곤 해요. 아이의 맑고 순수한 눈을 바라보고 있으면 아빠인 저 역시도 웃게 됩니다.

바라보다, 사랑과 존중의 다른 말

존중 혹은 존경을 뜻하는 'respect'라는 영단어가 있습니다. 이 단어의 라틴어 어원은 '레스피치오(respicio)'라고 하는데요, 그 뜻에 '본다'라는 의미를 담고 있습니다. 아이를 바라보고 눈을 마주치는 것, 그 자체가 존중과 존경의 의미와 연결된다는 사실이 참으로 흥미로워요. 그래서일까요? 아빠와 엄마가 따뜻한 눈으로 아이를 바라보기만 해도 이내 웃음이 나오곤 합니다. 아이 역시 엄마 아빠가 자신을 바라봐줄 때 그 눈빛에서 내가 존중받고 있음을 느끼는 것 같습니다. 우리 아이가 얼마나 소중한 존재인지, 아빠가 엄마가 너를 얼마나 많이 사랑하는지, 얼마나 자랑스러운 우리의 아들딸인지 느낄 수 있도록 마음껏 바라보고 표현해주시면 좋겠습니다.

아이와 같은 곳을 바라보는 순간부터 놀이가 시작됩니다

눈빛에 담긴 또 하나 중요한 포인트는 아이가 바라보는 것을 부모도 함께 보는 것입니다. 아이의 관심과 호기심을 그 자체로 지지하고 응원하는 것인데요. 어쩔 때 보면 부모 관점에서는 그냥 지나칠 수 있는 사소한(?) 것들에 대해서 아이는 호기심을 나타내고 집중합니다. 아이가 관심 가지는 것을 함께 바라보고 "이게 뭐야?" "우와! 재밌다." 감정을 표현해주면 그 자체가 훌륭한 놀이입니다. 사소해 보일 수 있지만 그 순간은 절대 작지 않습니다. 아이의 본능과 욕구가 아빠 엄마에게 있는 그대로 인정받는 위대한 순간이죠. 아이는 '내가 받아들여지는구나'를 느끼고, 자신의 왕성한 호기심을 가지고 한 발 더 탐구해나갈 수 있는 큰 잠재력이 일깨워집니다. 나를 받아주는 아빠 엄마에 대해 신뢰가 쌓여갑니다.

하루 1분, 아이 눈을 보고 말해주세요

아이와 눈 마주치는 것, 함께 바라보는 것. 이 두 가지! 참 쉽죠? 네, 맞습니다. 너무 쉽습니다. 누구나 할 수 있고 언제 어디서나 할 수 있는데, 진짜 소중한 것입니다. 우리 이 순간을 절대 뺏기지 않으면 좋겠습니다. 아이가 원할 때든 혹은 아빠가 먼저, 엄마가 먼저 아이를 지긋이 바라봐 주시면 어떨까요? 쑥스럽지만 자주자주 눈 마주쳐요. 네가 얼마나 소중한 존재인지, 그 존재만으로 사랑받아 마땅하다는 것을 아빠와 엄마의 눈빛으로 알려주자고요. 또한 아이의 왕성한 호기심을 격려하고 지지하며 받아줄 수 있는 듬직한 부모가 되도록 함께 노력해요. 아빠와 엄마의 인정 속에서 아이는 자신의 세상을 탐구하며 더 성장하기 위해 스스로 노력해가는 신비로운 존재임을 믿습니다.

아빠 놀이의 달인이 되는 비법 세 가지

(자료 : 권오진, 아빠학교 교장)

누구나 아빠 놀이의 달인이 될 수 있습니다

아이와 노는 데 어려움을 토로하는 아빠들이 많이 있습니다. 놀이에서 중요한 것은 '무슨' 놀이를 하느냐가 아니라 '어떻게' 노느냐입니다. 바로 '어떻게'만 터득하면 누구나 놀이의 달인이 될 수 있습니다. 딱 세 가지만 기억해주세요.

- 우렁찬 목소리
- 할리우드 액션
- 적절한 추임새

시시한 놀이에도 아이의 신바람을 자극하는 아빠 목소리

아이와 재미있게 노는 데 가장 중요한 요소는 '아빠의 우렁찬 목소리'입니다. 활기찬 목소리만으로 재미있는 놀이의 50퍼센트는 먹고 들어갈 수 있습니다. 아이와 공놀이를 할 때 "받아라!" "발로 뻥!" "우와!"라고만 외쳐도 놀이의 양상은 완전히 달라집니다. 아빠의 목소리에 아이는 힘을 얻고 신이 나서 놀이에 더욱 집중합니다. 엄마의 목소리가 중고음인 반면 아빠의 목소리는 중저음입니다. 중저음은 베이스 소리처럼 마음을 편하게 해줍니다. 동시에 흥겨운 음악과도 같습니다. "이얍!" "받아라!" "으악!" 박진감과 울림이 있는 아빠의 목소리는 그 자체로 아이에게 신바람을 불러일으키기에 충분합니다.

아이를 작은 거인으로 만들어주는 아빠의 할리우드 액션

목소리 다음으로 중요한 포인트는 '할리우드 액션'입니다. 베개 싸움을 예로 들어보겠습니다. 아이와 양손에 베개를 들고 한바탕합니다. "이얍!" 기합도 넣고 힘껏 베개도 휘두릅니다. 처음에는 아빠가 이길 듯하면서 대등한 구도를 가져갑니다. 그러다가 아이의 공격에 아빠가 급격히 밀리기 시작합니다. 이내 바닥에 쓰러지고 "으악! 아빠가 졌어. 항복! 너무 세! 살살" 등 아빠의 앓는 소리가 나오자 아이는 점점 의기양양해집니다. 아이는 아빠와 놀아 행복하고 아빠를 이겨 더 행복합니다. 거인이나 다름없는 아빠를 쓰러트린 통쾌함과 뿌듯함은 이루 말할 길이 없지요. 아빠의 '할리우드 액션'은 아이에게 작은 거인이 된 듯한 자신감과 성취감을 안겨줄 수 있습니다.

아이의 기를 살려주는 아빠의 추임새

국악에서 고수가 "얼쑤" 하며 장단을 맞추듯이 아이와의 놀이에도 적절한 순간에 신나는 맞장구를 치면 흥을 한껏 돋울 수 있습니다. 추임새는 아이와 아빠의 동료의식을 표현하는 동시에 서로를 격려하고 칭찬하는 행위입니다. '하이파이브' '엉덩이 부딪치기' '배치기'와 같이 몸짓으로 할 수도 있고, "잘했어!" "나이스!" "최고야!"와 같이 목소리로 표현할 수도 있습니다. 이 추임새의 효과는 즉각적입니다. 자녀와의 관계가 개선되며 서로에 대한 신뢰가 쌓입니다. 칭찬을 받은 누구나 기분이 좋아지는 법입니다. 아빠의 추임새는 아이의 기를 확실히 살려줄 수 있습니다.

기는 아이

근력이 강해져 스스로 몸을 이용할 수 있고,
세상에 대한 호기심이 폭발하는 시기인 생후 7~8개월 이후에 할 수 있는 놀이입니다.
물론 훨씬 큰 아이들도 좋아합니다.
다만 아이가 어리다면 다치지 않도록 조심 또 조심하시기 바랍니다.

기는 아이

놀이 도구

필요 없음

놀이 상황

장난치고
싶을 때

즐거운 동요와 함께하는 거미 놀이
거미가 줄을 타고 올라갑니다

〈거미가 줄을 타고 올라갑니다〉라는 동요 아시죠? 이 노래에 맞춰서 아빠 손가락 거미가 아이의 몸을 오르락내리락하는 놀이입니다. 동요를 부르면서 슬글슬금 아빠 거미가 다가갑니다. 아이의 몸에 손가락이 지날 때마다 간지러움에 깔깔대며 자지러져요. 아이의 자연스러운 웃음소리만 들어도 기분이 너무 좋습니다. 요즘은 아이에게 장난치고 싶을 때 이 놀이를 사용합니다. 노래가 들리고 거미를 보면, 아이도 싫지는 않은지 가만히 아빠 거미에게 자기 몸을 내어줍니다. 깔깔깔! 행복한 거미 놀이입니다.

★ 16가지 놀이 효과 ★

아동발달 전문가의 한마디

내 몸 위로 아빠의 손가락이 느껴집니다. 아빠의 손가락 움직임을 눈으로 보고, 몸으로 그 감각을 느끼게 되죠. 시지각 발달 중에서도 특히 시각 운동 협응력이 발달하는 놀이입니다.

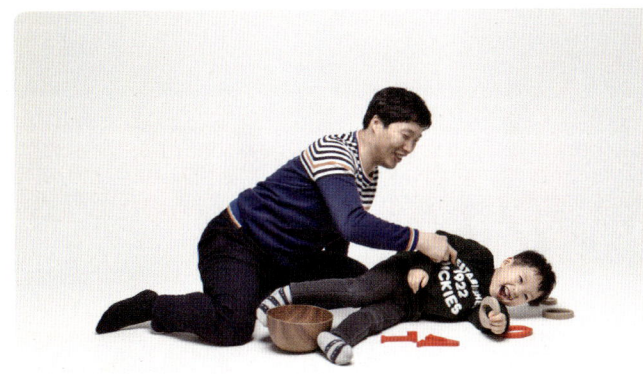

〈거미가 줄을 타고 올라갑니다〉 동요에 맞춰서 아빠 손가락이 아이의 몸을 타고 올라갔습니다.

손가락이 몸에 닿자 아이가 아빠를 보며 꺄르르 웃기 시작했습니다. 그런 아이를 바라보는 아빠도 즐겁습니다.

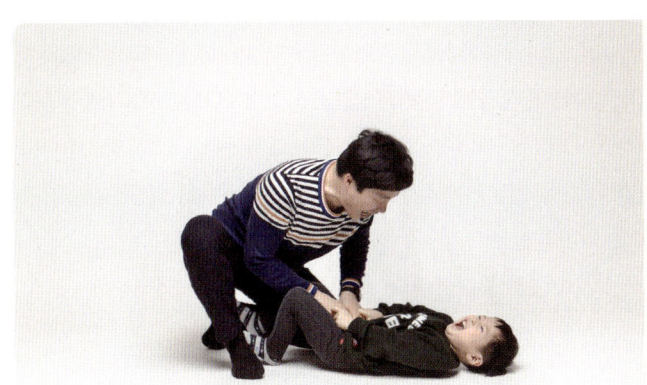

아빠 손가락 거미가 줄을 타고 내려왔습니다. 깔깔깔 아이의 행복한 웃음소리에 아빠도 아이도 모두 행복합니다.

이 놀이에 달린 소셜댓글

- **이〇〇 김〇〇** 여보가 보기 씻기고 노래 부를 때 해주는 거네
- **오〇〇** 이거 참 어렸을 때 많이 해줬는데… ㅎㅎ
- **윤〇〇 남〇〇** 오늘 른이는 꺄르르 수천 번 할 것이다

기는 아이

놀이 도구
박스

놀이 상황
아빠한테 운동됨

박스가 썰매가 됩니다. 아빠는 엔진이고요

박스 썰매

박스 안에 아이를 넣고 썰매를 태워주는 놀이입니다. 기다리던 택배 물건을 받았습니다. 확인하고 나니 덩그러니 박스가 남았습니다. 이 안에 아이를 쏙 넣어주면 재밌는 놀이가 시작됩니다. "어디로 갈까요. 손님?" "엄마한테요!" 박스 썰매를 타고 출발합니다. 슝슝~! 한참을 타던 아이가 갑자기 내립니다. 썰매를 예쁘게 꾸미고 싶대요. 색연필로 색칠도 하고, 스티커도 붙이고, 색종이도 오려 붙였습니다. 세상에서 딱 한 대뿐인 우리 아이만을 위한 근사한 썰매가 되었습니다. 즐겁게 놀고 난 뒤 박스는 아이와 함께 분리수거 잊지 마세요!

* 모든 택배 기사님! 늘 감사합니다.

★ 16가지 놀이 효과 ★

아동발달 전문가의 한마디
운동성의 기본 능력이 되는 것은 근육의 힘, 근력입니다. 박스 썰매 놀이를 통해 근력의 발달과 함께 고른 균형감각을 키울 수 있습니다.

"박스 위에 타볼까? 아빠가 신나게 끌어줄게!"
*균형을 잡기 어려운 어린아이는 튼튼한 박스 안에 태우는 것이 더 좋습니다.

썰매 위에 타더니, 엄마한테 가달라고 합니다. 썰매 출발! 슝슝

"꽉 잡아, 넘어진다." 흔들흔들거리는 박스 썰매. 무척 재미있습니다. 아빠는 조금 힘들지만, 웃는 아이를 보니 힘이 솟아납니다.

이 놀이에 달린 소셜댓글

 이○○ 집 안에선 큰 타월도 좋더라고요

기는 아이

놀이 도구
—
비닐봉지

놀이 상황
—
제대로 놀고
싶을 때

바스락바스락 풍선이 떠다녀요
비닐봉지 풍선 놀이

비닐봉지에 바람을 불어 끝을 묶어주면 훌륭한 풍선이 됩니다. 주변에 비닐봉지가 보인다면 바로 할 수 있습니다. 돌이 갓 지난 아이와 비닐봉지 풍선을 가지고 자주 놉니다. 손으로 툭툭 치기도 하고, 아장아장 걸어가 발로 차기도 합니다. 만질 때마다 바스락바스락거리는 느낌과 소리가 좋은지 한참 동안을 잘 가지고 놉니다. 동생이 놀고 있으면 누나들이 와서 비닐봉지 풍선을 뺏어가요. 그러고는 배구를 하듯이 위로 토스하고 스파이크도 하고 발로도 차고 잘 놀았습니다. 아이와 호흡을 맞춰서 즐겁게 해보세요. 촉감 발달은 보너스!

★ 16가지 놀이 효과 ★

아동발달 전문가의 한마디

흩날리는 비닐을 잡으려면 집중력이 필요하죠. 신속하고 정확한 판단과 그에 상응하는 동작이 뒤따라야 합니다. 어른에게는 쉬워 보이는 놀이도 아이에겐 굉장한 집중력과 신체 조절이 필요합니다. 놀이 수행을 통해 스스로 해냈다는 만족감도 뒤따르죠.

"비닐봉지에 바람을 넣어볼게. 후~. 그리고 끝을 묶어보자!"

멋진 비닐봉지 풍선이 만들어졌습니다. 땅에 떨어트리지 않기, 풍선 배구, 축구 등 다양한 놀이를 할 수 있습니다.

아이와 호흡을 맞추어 즐겁게 해보세요. 바스락바스락 촉감 발달은 보너스!

이 놀이에 달린 소셜댓글

 장○○ Hyun○○ 이 페이지 좋아요 하기

 박○○ 새로운 놀이다ㅋㅋ   You○○ Yu○○ 오빠가 한거다!!!

 기는 아이

놀이 도구
필요 없음

놀이 상황
아무 때나

사랑해, 음~ 쪽!

뽀뽀 놀이

서로 뽀뽀하는 놀이입니다. 쑥스럽기도 하지만 아이를 번쩍 들어 눈을 마주치니 아이도 즐거운지 웃습니다. "사랑해!" 말하며 입을 쪽 맞췄어요. 아이도 그런 아빠에게 입을 쭉 내밀며 뽀뽀합니다. 눈을 마주치고 입으로 사랑해 말하며 뽀뽀하고 나니 친밀감이 더욱 느껴져요. 아이가 어렸을 때 많이 해주면 좋을 것 같습니다. 우리 아이들이 얼마나 사랑스럽고 소중한 존재인지 자주, 많이 알려주자고요. 당신은 사랑받기 위해 태어난 사람! 아빠 엄마가 많이 사랑해, 뽀뽀. 우리 할 수 있을 때 많이 합시다. 쪽!

★ 16가지 놀이 효과 ★

피부감각		
	친밀감	
	집중력	관찰력
공감능력	배려심	

아동발달 전문가의 한마디

긍정적인 신체 접촉을 통해 가족 간의 끈끈한 유대감을 키워주세요. 아이는 아빠와 친밀한 감정을 공유하며 긍정적인 신체자아상을 확립하게 됩니다.

"우리 뽀뽀 한 번 할까?" 아빠도 아이도 입을 쭉 내밀어, 뽀뽀!

이걸로 끝난 줄 알았지? 한 번 더 간다. 준비 슈웅~.

이번에는 볼에다 뽀뽀, 쪽! 많이 사랑해 아들.

이 놀이에 달린 소셜댓글

 최○○ 아빠와 아이가 뽀뽀하는 모습이 정겹고 좋습니다. 모두 사랑해!

`기는 아이`

놀이 도구
―
필요 없음

놀이 상황
―
출퇴근 할 때

시계는 아침부터 똑딱똑딱
시계추 놀이

시계추처럼 아이를 들어서 좌우로 흔들어주는 놀이입니다. "시계는 아침부터 똑딱똑딱"으로 시작하는 〈시계〉 동요를 아시죠? 함께 불러주면 더욱 좋습니다. 막내 아이가 돌이 채 되지 않았을 때부터 이 놀이를 해주었습니다. 들어 올리는 것을 싫어할 때도 있습니다만, 보통은 좋아합니다. 똑딱똑딱 노래를 부르면서 흔들어줄 때 흥에 겨우면 양발을 힘껏 차내기도 합니다. 그 모습이 얼마나 귀엽고 사랑스러운지 모르겠습니다. 시계도 배우고 동요도 부르고 아이와 즐거운 놀이도 함께 합니다.

★ 16가지 놀이 효과 ★

아동발달 전문가의 한마디
아이는 처음에 긴장할지 모르지만 이내 아빠에게 몸을 완전히 맡기게 됩니다. 아이가 아빠에게 몸을 맡김으로써 신뢰감이 쌓입니다. 균형감각도 자랍니다.

"아빠가 들어서 시계추처럼 좌우로 흔들어줄게. 시계 노래 알지? 부르면서 해보자."

"시계는 아침부터 똑딱똑딱~." 동요를 부르면서 아이의 몸을 좌우로 흔들어 주었습니다. 떨어지지 않으려고 아빠의 손을 꼭 잡는 아이가 사랑스럽습니다.

몇 번 흔들어주었더니 아빠도 살짝 힘이 듭니다. 하지만 아빠 품속에서 행복하게 웃는 아이를 보니 그만할 수가 없네요. 한 번 더? "시계는 아침부터 똑딱똑딱~."

이 놀이에 달린 소셜댓글

이○○ 최○○ 매일 팔 운동? ㅋㅋㅋㅋㅋ

김○○ ㅎㅎ 오늘 퇴근 후 바로! ㅎㅎ 감사합니다~~~^-^

기는 아이

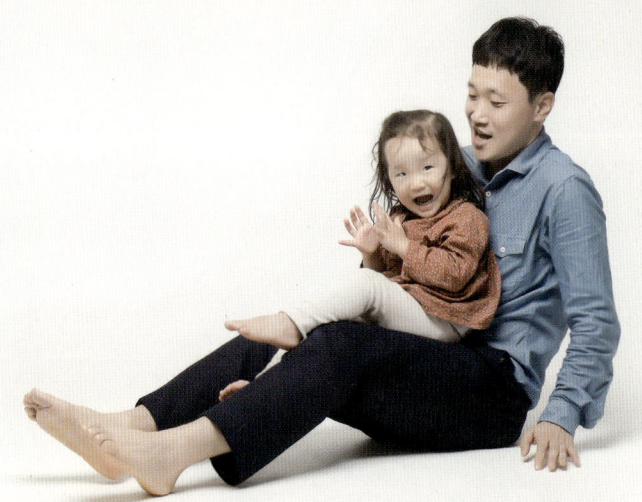

놀이 도구
―
필요 없음

놀이 상황
―
아빠한테
운동됨

우리 집 굼벵이는 재주가 많아요
아빠 굼벵이

아이를 아빠에게 태우고 꿈틀꿈틀 이동하는 놀이입니다. 실내에서 아이와 함께 이동할 때 한 번씩 합니다. 아빠가 앉아서 굼벵이가 이동하는 것처럼 흉내를 냅니다. 그러면 아빠 품에 와서 딱 앉네요. "어디로 갈까요? 손님?", "저기, 엄마한테요!" 아빠 굼벵이가 출발합니다. 꿀렁꿀렁하면서 천천히 갔다가, 갑자기 빨리도 갔다가 이동합니다. 재미도 있고 아이와 친밀감도 끈끈해지는 것 같아요. 그런데 문제는 아빠의 체력을 상당히 요구한다는 겁니다. 너무 무리하지는 마세요. 최선을 다하는 아빠의 마음을 아이는 알아줄 겁니다!

★ 16가지 놀이 효과 ★

아동발달 전문가의 한마디

목표를 정해서 도달하는 놀이를 통해 자기효능감을 키울 수 있어요. 또한 놀이 과정에서 아이는 무릎 위에서 균형을 잡고 있어야 합니다. 대근육을 이용한 평형감각을 키우게 됩니다.

"아빠가 굼벵이처럼 꿈틀꿈틀 가볼게. 어디로 갈까요. 손님?"

하나 둘, 하나 둘! 아빠 굼벵이가 나갑니다. 길을 비켜라. 꿀렁꿀렁 열심히 기어갑니다.

느리게 갔다가 빠르게도 갔다가 재미있는 굼벵이 놀이. 아이가 아빠 덕분에 행복하대요. 아빠도 네 덕에 행복하다!

이 놀이에 달린 소셜댓글

 정○○ 하나 배웠습니다 ㅎㅎ 오늘 저녁은 정굼벵이라고라

 김○○ 김○○ 오늘 요거 해볼까 ㅎ

기는 아이

놀이 도구
필요 없음

놀이 상황
아빠한테 운동됨

하체 발달은 덤!
아빠 런지

홈트레이닝 많이 하시죠? 빠질 수 없는 대표 운동 런지입니다! 아빠가 아이를 안고 하체를 이용해 몸을 낮췄다 올렸다 하면서 운동도 하고 아이와 놀이도 합니다. 사실 아빠 체중만으로도 힘든데, 아이를 안고 하니 운동 효과가 두 배입니다. 다행히 아빠 품 안에서 아이도 즐거워해요. 올라갔다 내려갔다 기분 좋습니다. 슬슬 몸이 근질근질한데 바로 10개만 해볼까요? 아이가 떨어지지 않게 주의하면서 즐겁게 해보세요. 아빠 런지 몇 개 하다 보니 친밀감도 쑥 올라간 것 같아요. 하나 둘 셋~ 아빠의 하체 발달은 덤이고요.

★ 16가지 놀이 효과 ★

아동발달 전문가의 한마디
아빠와의 신체 접촉을 통해 아이는 함께 운동을 한다는 느낌, 아빠가 자신을 지켜준다는 감정을 느끼며 공감을 확대할 수 있습니다.

아빠가 조심조심 아이를 안았습니다.
"아빠가 내려갔다 올라갔다 할 거야. 시작할게."

하나! 둘! 무릎을 구부렸다 펴며 런지를 시작했습니다. 아빠 품 안에서 아이도 즐겁고 편안해요.

올라갔다 내려갔다 10개 했더니 힘드네요. 제법 운동 됩니다. 아이와 친밀감도 쑥쑥!

이 놀이에 달린 소셜댓글

 장○○ 아이와 함께하니 운동 되고 즐거워요. 더 크기 전에 많이 해야겠어요.

기는 아이

놀이 도구
―
필요 없음

놀이 상황
―
실내에서

떴다 떴다 비행기! 날아라! 날아라!
아빠 비행기

아빠의 다리 위로 아이를 비행기처럼 태워주는 놀이입니다. 누가 가르쳐주지 않아도 하게 되는 아빠 놀이 고전 중의 고전입니다. 설마 안 해본 아빠들은 없겠죠? 비행기 태워주려고 아빠가 누웠습니다. 자연스럽게 아이가 아빠의 다리 위에 올라타요. 슝슝~ 자체음향도 넣어주고, 무릎을 구부렸다가 펼쳤다가 하면서 즐거운 비행기 여행을 떠났습니다. 넘어질까 봐 이리저리 균형을 잡으면서도 아이는 깔깔 웃습니다. 도착했습니다. 다리를 미끄럼틀 삼아 내려오기도 하고, 훌러덩 한 바퀴 돌기도 합니다. 아빠가 태워주는 세상에서 가장 행복한 비행기입니다. 슝슝!

★ 16가지 놀이 효과 ★

아동발달 전문가의 한마디
눈맞춤이 훌륭한 대화가 됩니다. 눈맞춤과 스킨십을 통해 서로에 대한 신뢰와 친밀감이 쌓입니다. 대근육 발달, 균형감각 발달은 덤이지요.

"비행기 한 번 탈까? 자 출발합니다. 슝슝~!" 넘어질 것 같지만 제법 균형을 잘 잡습니다.

"아빠 믿지?" 신나게 놀다가 뒤로 훌렁 넘어가기도 합니다. 하지만 아빠가 꽉 잡아주니 무서울 것이 없지요.

멋지죠? 이런 비행기도 있습니다. 아이와 함께 호흡을 맞추며 즐거운 비행기 놀이를 해보세요.

이 놀이에 달린 소셜댓글

- 한○○ 아이들의 영원한 놀이터는 아빠~~^^
- 하○○ 명○○ 이륙 비행기로 업그레이드 해줘야지ㅋㅋㅋ
- 명○○ 이런 건 진즉에 뗐지 암

기는 아이

놀이 도구
박스

놀이 상황
제대로 놀고 싶을 때

하나 둘 셋 넷!
아빠 스쾃

흔히 스쿼트라고 부르죠. 우리가 익히 알고 있고, 많이 하는 맨몸 운동인데요, 아이를 안고 하면 그 효과가 두 배입니다. 아이를 눕혀 번쩍 안았어요. 안기만 해도 즐거운지 아이가 웃네요. 아이를 안은 상태로 앉았다 일어났다 아빠 스쿼트를 시작합니다. 하나 둘 셋, 어휴 다섯 개만 해도 너무 힘드네요. 다리가 뻐근하고 일어나기도 힘들어요. 그래도 열 개는 해야겠죠. 힘을 다해 다시 시작합니다. 여섯, 일곱… 열! 드디어 성공입니다. 아이와 손잡고 함께 스쿼트도 가능합니다. 아빠에게 운동 되고 아이도 즐거운 스쿼트 놀이! 지금 한 번 해보세요. 하나 둘 셋 넷!

★ 16가지 놀이 효과 ★

아동발달 전문가의 한마디
아빠의 근력을 키우면서 동시에 아이와의 협동심을 높이고 감정을 공유할 수 있는 신체발달 놀이입니다.

아이를 번쩍 안았습니다. "아빠가 앉았다 일어났다 해볼게." 하나 둘 셋!

이번엔 아이를 업고 해볼까요? 들썩들썩 움직일 때마다 아이가 웃네요. 힘이 납니다.

이번엔 같이 해볼까요? 손을 맞잡고 하나 둘 셋! 잘했어, 나이스!

이 놀이에 달린 소셜댓글

 조○○ 아빠 체력단련 제대로네요. 땀이 뻘뻘 납니다.

기는 아이

놀이 도구
—
필요 없음

놀이 상황
—
아빠한테 운동됨

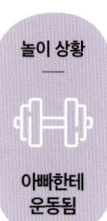

하나 둘 하나 둘! 아빠는 천하장사

아빠 역도

아이는 역기가 되고 아빠는 선수가 되어 역도를 하는 놀이입니다. 이제 막 돌이 된 아이와 자주 합니다. 아빠가 안아서 번쩍 들어 올리면 옹알옹알하면서 참 좋아합니다. 그런데 가끔 싫어할 때도 있더라고요. 그때는 바로 내려주었습니다. 무릎을 굽히며 역기를 들어 올렸다 내렸다 합니다. 아빠는 마치 천하장사 같습니다. 아이는 아빠 품 안에서 이리저리 균형을 잡으면서 잘 있습니다. 아이가 커갈수록 무거워져서 점점 힘이 들겠죠. 아직 할 수 있을 때 더 많이 해줘야겠습니다. 아빠니까요!

★ 16가지 놀이 효과 ★

아동발달 전문가의 한마디
아빠만 힘든 놀이처럼 보이지만, 아이도 아빠에게 안겨서 전신 근육을 사용해 몸의 중심을 잡고 있습니다. 아이 중심이 되는 대근육이 발달되는 놀이입니다.

"아빠가 시온이를 들어서 올렸다가 내렸다가 할거야. 역도 알지? 그것처럼!"

이번엔 아래로 내려갑니다. 하나 둘! 하나 둘! 자유자재로 역기를 들어 올리는 우리 아빠는 천하장사입니다.

힘껏 들어 올렸습니다. 아빠 품속에서 아이도 매우 즐거워합니다. 역도 놀이는 아빠한테는 확실한 운동이 됩니다. 웃차!

이 놀이에 달린 소셜댓글

 박○○ 우리 두 살짜리 다섯째는 간단한 역도 놀이 좋아해요.

기는 아이

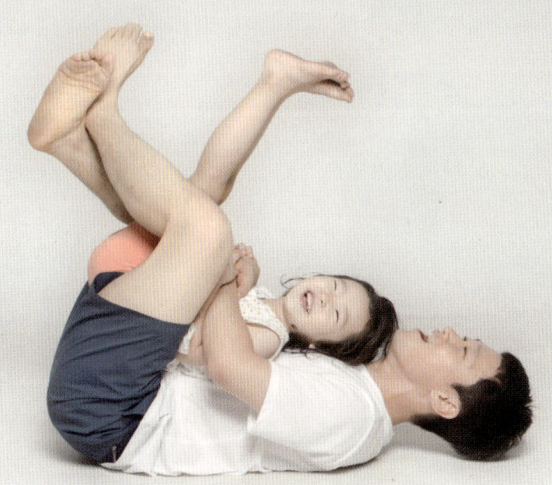

힘들어도 아빠는 다시 일어납니다
아빠 오뚝이

놀이 도구
—

필요 없음

놀이 상황
—

아빠한테 운동됨

아빠가 아이를 품에 안은 채 오뚝이처럼 뒤로 넘어갔다가 앞으로 일어났다를 반복하는 놀이입니다. 아빠가 양반다리를 하고 앉아 있었습니다. 딸아이가 오더니 아빠 다리 위에 쏙 앉아요. 아이를 꼭 안고 뒤로 넘어가니 아이가 웃기 시작합니다. 완전히 넘어갔다가 올라갔다를 반복했습니다. 신나는지 깔깔대며 웃습니다. 바른 자세로 돌아왔는데, 아이가 머리와 등으로 아빠를 밀어댑니다. 더 하자는 거죠. "아빠 일어나요. 힘내!" 힘들지만 아이의 응원에 다시 일어납니다. 넘어져도 쓰러져도 다시 일어서는 우리 아빠는 오뚝이랍니다.

★ 16가지 놀이 효과 ★

아동발달 전문가의 한마디
신체 접촉만큼 빨리 친해지는 방법이 있을까요? 아이는 아빠와 신체 접촉을 하며 안정감을 쌓고, 아빠에게 오롯이 몸을 맡깁니다. 이 과정에서 균형감각도 자랍니다.

"아빠가 우리 딸을 꼭 잡고 뒤로 넘어갈 거야. 간다~."

아이를 품에 꼭 안은 채 천천히 뒤로 넘어갑니다. 즐거운지 아이가 깔깔대기 시작해요.

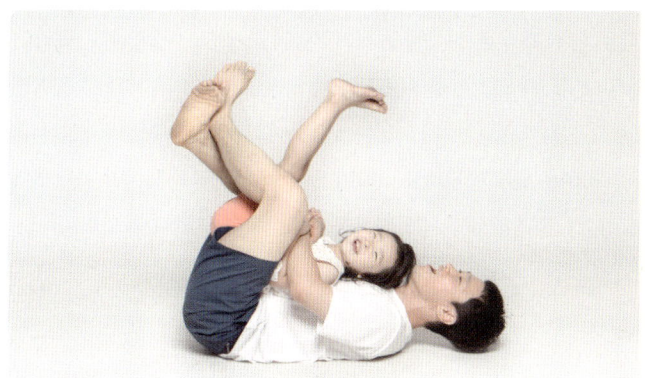

완전히 넘어갔습니다. 이제 다시 올라갈 차례예요. "아빠 일어나요! 힘내!" 힘들지만 아이의 응원에 다시 일어납니다. 오뚝이처럼 말이죠!

이 놀이에 달린 소셜댓글

- 박○○ 내일부터 해봐야겠다
- 김○○ 주아하고 늘 하는 놀이네요 ㅎㅅㅎ 전 좋은 아빠입니다 ㅋㅋㅋㅋ
- 박○○ 김○○ 둘이서 맨날 뒹굴거리지 말고 이거나 해라 ㅋㅋㅋㅋㅋ

기는 아이

놀이 도구

박스

놀이 상황

제대로 놀고 싶을 때

정말 실감 나요!
아빠 VR

아빠가 직접 해주는 수동 리얼 가상 라이드 놀이입니다. 아이를 세숫대야에 태웠습니다. 출발합니다. "부웅~!" 아빠의 목소리에 아이가 긴장하며 까르르 웃습니다. 위로 아래로 앞뒤 좌우로 신나게 움직여주었어요. 얼마나 즐거운지 몰라요. 이번엔 특별히 모니터에 영상도 준비했어요. 몰입감이 한층 더해지네요. 웅장한 사운드와 아빠의 실감 나는 연기에 아이는 최고의 즐거움을 경험합니다. 그런데 문제가 있어요. 아빠는 너무 힘드네요. 아이를 들고 이리저리 움직이며 힘을 썼더니 허리도 아픕니다. 무리하지 마시고 조심조심 해보세요. 우리 아빠 파이팅!

★ 16가지 놀이 효과 ★

아동발달 전문가의 한마디
아빠와 아이의 협동심이 필요한 놀이예요. 같은 목표를 함께 성취해감으로써 아이의 만족도가 높은 놀이 중 하나입니다. 자동차 기능의 다양한 소리를 내며 놀이의 재미를 극대화할 수 있습니다.

아이를 세숫대야에 태워 번쩍 들었습니다. 아빠가 해주는 실감 나는 VR 놀이!

"갑니다~ 부웅! 오른쪽 왼쪽! 어어, 조심하세요." 아이도 스릴 만점 재밌습니다.

"멈춥니다! 끼익~ 브레이크. 도착했습니다." 아빠와 아이 모두 고생하셨습니다.

이 놀이에 달린 소셜댓글

장○○ 아빠는 힘든데, 아이가 즐거워하니 더 하게 돼요. 한 번 더? 가자!

기는 아이

놀이 도구
―
필요 없음

놀이 상황
―
장난치고
싶을 때

오늘은 무얼 하고 놀까요?
우리 집 음악대

아이를 품에 안고 노래를 부르며 손가락으로 간질간질 연주하는 (시늉) 놀이입니다. "학교 종이 땡땡땡~." 아이가 좋아하는 동요를 부르며 우리 집 음악대 연주를 시작해요. 가사나 리듬에 맞춰 피아노를 연주하듯 아빠 손가락으로 아이 몸을 쿡쿡 누르고, 둥둥 북을 치듯 부드럽게 배도 두드리고, 띵가띵가 기타를 치듯 갈비뼈도 튕겨주었습니다. 아빠 손가락이 닿을 때마다 간지러운지 아이가 몸을 비틀며 깔깔거립니다. 그런 아이를 바라보는 아빠도 재밌어요. 눈도 마주치고 좋아하는 동요도 부르고, 간질간질 재밌는 우리 집 음악대! 즐겁게 해보세요.

★ 16가지 놀이 효과 ★

아동발달 전문가의 한마디
아이의 청각과 촉각을 자극하는 놀이로 눈/손 협응, 청각적 주의력이 향상될 수 있습니다. 아이와 역할을 바꿔서 놀이를 하게 되면 아이의 자율성도 올라갈 수 있습니다.

큰 북을 울려라~ 둥둥둥! 작은 북을 울려라~ 동동동!

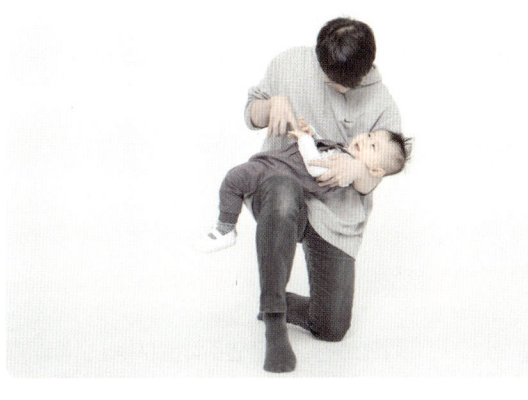

이번엔 아빠 손가락으로 콕콕 아이의 몸을 피아노 삼아 두드립니다. 간질간질 재밌어요.

아빠의 주 종목! 기타 한 번 쳐볼까요? 띵가띵가. 즐거운 음악 연주입니다.

이 놀이에 달린 소셜댓글

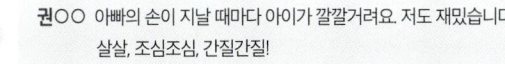

권○○ 아빠의 손이 지날 때마다 아이가 깔깔거려요. 저도 재밌습니다. 살살, 조심조심, 간질간질!

기는 아이

놀이 도구

이불

놀이 상황
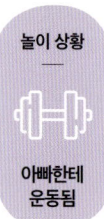
아빠한테 운동됨

세상에서 가장 재미있는 그네
이불 그네

아이를 이불에 앉힌 후에 들어서 그네를 태워주는 놀이입니다. 아빠가 이불을 가지고 오면 아이들은 언제든 좋아합니다. 누가 먼저라 할 것 없이 이불 위에 쏙 올라탑니다. 아빠가 번쩍 들어 올리면 깔깔깔 웃음소리가 시작돼요. 좌우로 흔들어 주었습니다. 이불 속에서 이리저리 균형을 잡으면서 쉴 새 없이 웃습니다. 아이는 참 좋아하는데, 아빠는 힘이 드네요. 해가 거듭될수록 더 부담됩니다. 그러니까 우리, 해줄 수 있을 때 많이 해줍시다!

★ 16가지 놀이 효과 ★

아동발달 전문가의 한마디
아이들은 포근하게 자신의 몸을 감싸주는 활동을 할 때 안정감과 만족감을 느낍니다. 아이는 아빠에게 소중히 보호받고 있는 듯한 감정을 느끼며 정서적 안정감을 느낄 수 있습니다.

"자, 아빠가 그네를 태워줄게." 갑니다. 슝~ 슝~.

좌우로 살살 흔들어주었습니다. 아이는 이보다 즐거울 수가 없지요. 깔깔거리는 웃음이 끊이지 않습니다.

아이를 태울 수만 있다면 큰 베개나 쿠션 등 어떤 소재로도 가능합니다. 힘이 많이 드는 놀이입니다. 해줄 수 있을 때 많이 해줍시다!

이 놀이에 달린 소셜댓글

Dong○○ 예전에 꼬리잡기 놀이하면서 귀여운 조카들과 이불 그네 놀이를 했었는데요~ 아이들한테 이 놀이 한 번 해주면 얼마나 좋아하는지요ㅎㅎㅎ

기는 아이

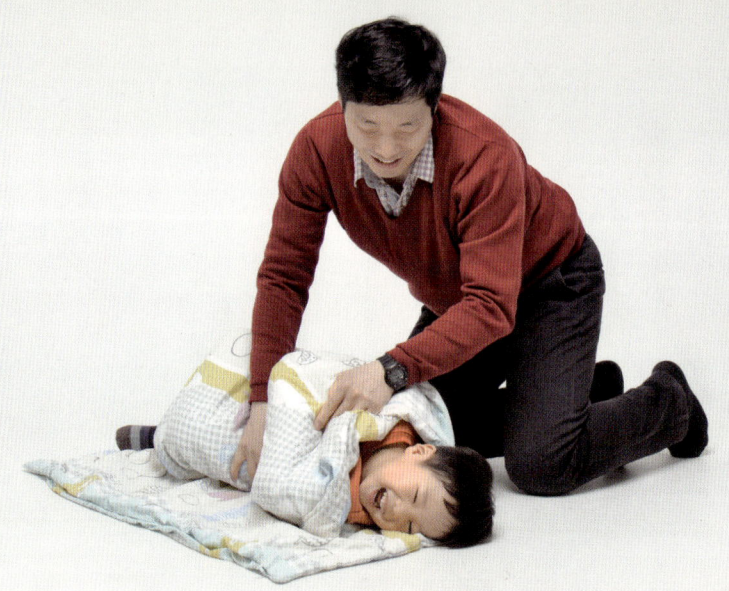

놀이 도구
이불

놀이 상황
아빠한테 운동됨

김밥 사세요. 김밥 사세요
이불 김밥

김밥을 말듯이, 아이를 이불 위에 올려놓고 둘둘 말아주는 놀이입니다. 저희 아이들은 김밥 놀이를 참 좋아합니다. "아빠 김밥 말아주세요!" 먼저 조르기도 합니다. 이불을 펼쳐놓고 아이를 그 위에 뉘었습니다. "뭐를 넣어볼까?" "사탕, 젤리, 초콜릿!" 좋아하는 간식들을 이야기합니다. 재료를 넣을 때마다 아이의 몸을 쿡쿡 눌러주었더니, 간지러운지 깔깔거려요. 재료를 다 넣은 다음, 조심조심 김밥을 돌돌 말아줍니다. 그다음 먹기 좋게 쓱쓱 썰어주었어요. 아이가 다시 한 번 꺄르르 웃습니다. 드디어 맛있는 김밥이 완성됐습니다. 번쩍 들어서 "김밥 사세요! 김밥 사세요!"를 외쳤습니다. 그러자 엄마가 "얼마예요?" 하면서 김밥을 사주었습니다. 즐겁고 재미난 이불 김밥 놀이입니다.

★ 16가지 놀이 효과 ★

아동발달 전문가의 한마디
재료를 넣고 이불을 돌돌 말며 아빠와 아이의 신체 접촉이 늘어납니다. 어릴 때의 촉각 자극은 뇌 발달과 연관되는 만큼, 신체 접촉이 많은 것은 좋습니다. 또한 평형감각을 키우는 놀이로서 중요한 놀이입니다.

"우리 김밥 말아볼까? 무엇을 넣어볼까요. 단무지, 달걀, 시금치…" 재료를 넣을 때 몸을 쿡쿡 눌러주었더니, 아이가 깔깔거리며 좋아합니다.

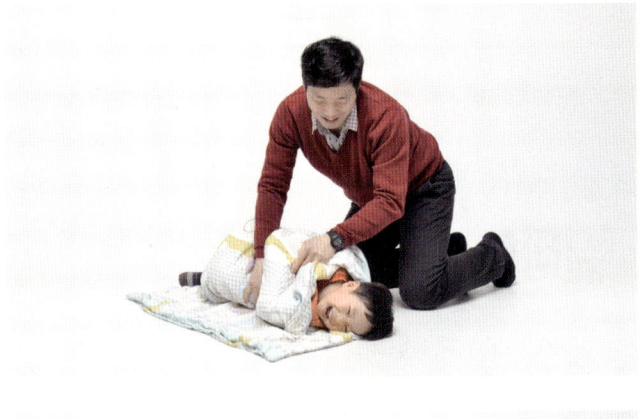

아이가 다치지 않도록 조심스럽게 김밥을 말아주었습니다. 먹기 좋게 아이 몸을 쓱쓱 썰어주자 또다시 꺄르르 웃습니다.

드디어 맛있는 김밥이 완성됐습니다. "김밥 사세요, 김밥 사세요!" 열심히 김밥을 팔러 다니는 행복한 김밥 장수와 아빠 품에 안겨 그저 행복한 김밥입니다.

이 놀이에 달린 소셜댓글

윤○○ 분명히 이불 김밥 놀이를 했는데, 어느새 말타기와 혼합이 되어버렸네요…. 아이들과의 놀이는 어떻게 변할지 몰라서 상황 대처 능력을 요구하네요^^

김○○ 박○○ 범준이 좀 말아볼까

기는 아이

놀이 도구
— 이불

놀이 상황
— 아빠한테 운동됨

썰매가 갑니다. 길을 비켜라!
이불 썰매

이불 위에 아이를 태워서 끌어주는 놀이입니다. 한 번쯤 다 해보셨죠? 이불을 가지고 나와서 썰매 타는 시늉을 합니다. 그러면 아이들이 달려와서 이불 위에 쏙 앉습니다. 거실부터 안방, 부엌까지 집 안 구석구석을 다녔어요. 요새는 다섯 살 된 아이가 자기가 썰매를 끌어주겠다고 합니다. 있는 힘껏 힘을 주는데, 아빠가 탄 썰매를 끌지는 못합니다. 그래서 아빠가 엉덩이와 팔을 이용해서 '으차으차' 도와주었어요. 썰매 놀이는 아빠가 좀 힘들어요. 하지만 행복해하는 아이들을 보면 멈출 수가 없습니다. 할 수 있을 때 많이 해주자고요.

★ 16가지 놀이 효과 ★

아동발달 전문가의 한마디
균형감각을 키울 수 있는 놀이입니다. 또한 서로의 신뢰감을 바탕으로 이뤄지기 때문에 안정적인 애착 발달에도 도움이 됩니다.

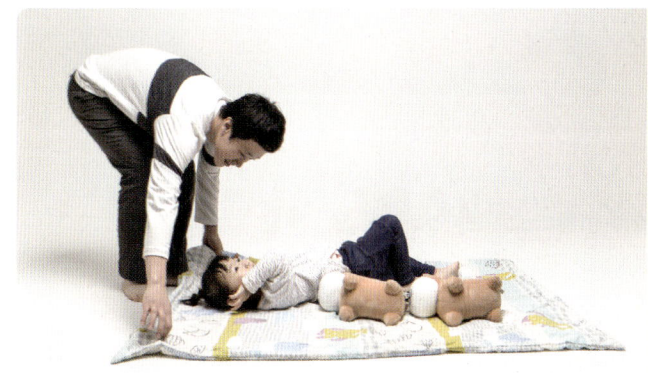

"이불 썰매가 왔습니다. 썰매 탈까?
아빠가 신나게 끌어줄게!"

썰매가 출발합니다! 엄청 즐겁습니다.
집 안 구석구석을 모두 다녀야 내릴
것 같습니다.

좀 컸다고 아빠도 끌어준다고 합니다.
대견해라. 썰매는 안 나가도 기분은 좋
습니다. 우리 딸 장사네? 최고!

**이 놀이에 달린
소셜댓글**

 정○○ 김○○ 바로 이거닷

 김○○ 이불로 아이를 들어 올리는 슈퍼맨 놀이도 좋아합니다ㅋ 엄청난 체력 소모가 필요하지만 ㅎㅎ

기는 아이

놀이 도구

필요 없음

놀이 상황
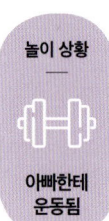
아빠한테 운동됨

통나무를 들어 올리자. 하나, 둘!
통나무 들기

아이를 어깨에 들어 올립니다. 그다음 한쪽 어깨에서 다른 쪽 어깨로 왔다 갔다 하는 놀이입니다. 군대에서 했던 통나무 들어 올리기 훈련과 유사합니다. 아이를 번쩍 들어 올렸습니다. 씩씩한 목소리로 "하나, 둘, 하나, 둘!" 구령을 외치며 아이 통나무를 이리저리 옮겼습니다. 아이는 아빠의 어깨 위에서 균형을 잡으며 잘 버티고 있습니다. 즐거운지 계속 깔깔거립니다. 그런데 몇 번 하고 나니 체력 소모가 상당합니다. 우리 아이랑 잘 놀려면 평소에 운동하면서 체력 관리도 잘해야겠습니다. 한바탕 하고 나니 아이와 더욱 친밀해진 것 같습니다. 아빠한테 와서 꼬옥 안기네요. 기분 좋습니다. 사랑해 아들아!

★ 16가지 놀이 효과 ★

아동발달 전문가의 한마디
상호 협동이 필요한 몸놀이입니다. 아이는 아빠를 믿고 몸을 맡기고, 아빠는 아이가 안정적으로 몸을 맡기리라 믿어야 하죠. 균형감각뿐 아니라 친밀감을 쌓기에 좋은 놀이입니다.

"아빠가 아들을 들어서 왔다 갔다 할 거야. 준비됐지? 하나, 둘, 하나, 둘!"

아빠가 아이를 번쩍 들어 올렸습니다. 체력 소모가 상당합니다. 그런데 왜 이렇게 신이 나지요. 아이도 기분이 좋은지 계속 깔깔댑니다. 균형도 잘 잡고 있어요. 대단합니다.

군대에서 통나무 들어 올리기 훈련을 하던 기억이 납니다. 아이와 함께 할 줄은 몰랐네요. 비록 힘은 들지만 정말 즐겁고 행복합니다. "아들! 한 번 더 할까?"

이 놀이에 달린 소셜댓글

 조○○ 군대에 다시 간 기분입니다.

기는 아이

놀이 도구
이불

놀이 상황
아빠가 피곤할 때

휴식이 필요한 아빠를 위한 놀이
파리지옥 놀이

파리지옥 아시죠? 아빠가 파리지옥, 아이는 파리가 되어서 아빠는 붙잡고 아이는 탈출하는 놀이입니다. 좀 더 누워서 쉬고 싶을 때 바로 이 놀이를 하면 됩니다. 가만히 누워서 할 수 있으니 아빠에게는 이보다 좋을 수 없습니다. 누워 있는 아빠에게 아이가 살금살금 다가옵니다. 팔을 번쩍 벌려서 아이를 잡았습니다. "우걱우걱!" "살려주세요!" 힘을 다해 아빠로부터 도망치려고 합니다. 적당한 타이밍에 놓았다가 다시 잡았다가를 반복했습니다. 아빠는 피곤했는데 좀 더 누워 있을 수 있어서 좋았고, 아이는 아이대로 아빠랑 놀아서 행복했습니다.

★ 16가지 놀이 효과 ★

아동발달 전문가의 한마디
아이가 어리다면 얼굴까지 가렸다가 몸을 일으키는 놀이로 해도 좋습니다. 생후 7개월 이후에는 '대상영속성'이라는 개념이 생겨요. 눈앞에 대상이 보이지 않아도 사라진 게 아니라는 것을 슬슬 깨닫는 것이죠. 이 놀이를 통해 대상영속성을 익히고, 기억력과 집중력도 발달됩니다.

"아빠가 가만히 있다가 시온이를 꼭 잡을 거야. 안 잡히도록 조심해. 잡히면 얼른 탈출하고!"

가만히 누워 있는 아빠의 옆으로 아이가 조심조심 슬금슬금 다가옵니다. 이 때다, 잡아라!

아이를 꼭 붙잡았습니다. 이제는 탈출할 때입니다. 적당한 타이밍에 놓아주세요. 잡는 자와 도망치는 자 모두가 행복한 놀이입니다.

이 놀이에 달린 소셜댓글

- **Sun○○ 신○○** 이거 우리 자기가 정현이한테 하는건데 애가 아직 어린가 봐요 ㅋㅋㅋ 좀 더 크면 좋아하겠죠? ㅎㅎㅎ 지금은 하지 마요…
- **김○○ 정○○** 아빠에게는 이보다 좋을 수 없습니다…ㅋㅋㅋ
- **한○○** 평소에 이거 자주 합니다 ^^

기는 아이

체력 단련과 놀이를 한 번에!

푸시업 터널

아빠가 푸시업을 하는 사이로 아이가 빠져나오는 놀이입니다. 운동이 필요한 아빠들! 한 번쯤 해보시면 좋습니다. 아빠가 푸시업을 합니다. 올라갔다가 내려갔다가 하는 동안 훌륭한 터널이 생깁니다. 아이가 이 틈을 통과하려고 기회를 엿봅니다. 드디어 아빠 터널 속으로 들어왔습니다. 재빨리 빠져나가려고 기어갑니다. 하지만 아빠가 가만히 있지를 않습니다. 금세 내려와서 아이를 꾹 눌렀습니다. 요새는 좀 컸다고 힘으로 아빠를 버티기도 합니다. 아빠를 버텨내려고 힘을 쓰는 아이의 모습이 참 귀엽습니다. 아이가 다치지 않도록 조심스럽게 몸을 눌러주었습니다. 자기도 재밌는지 꺄르르 웃습니다. 어떤 때는 빨리 올려달라고 성을 내기도 합니다. 잠시 후 아빠가 다시 몸을 올려주자 아이가 유유히 터널을 빠져나왔습니다. 잘했어. 우리 딸! 한 번 더?

놀이 도구

필요 없음

놀이 상황

아빠한테 운동됨

★ 16가지 놀이 효과 ★

아동발달 전문가의 한마디
민첩성을 키울 수 있는 놀이입니다. 돌발 상황이 생겼을 때, 상대에게 자신이 원하는 것을 요구하는 기술도 습득할 수 있지요.

"아빠가 몸을 올렸다가 내렸다가 할 거야. 그러면 이 틈 사이로 빠져나오는 놀이야. 한 번 해볼까?" 기회를 엿보던 아이가 아빠 터널 사이로 들어왔습니다.

재빨리 빠져나오려고 했습니다. 하지만 아빠의 몸이 금세 내려왔습니다. 아이를 꾹 눌렀습니다. 아빠의 몸을 버텨내기도 하고, 빠져나가려고 용을 쓰기도 합니다. 그런 아이의 모습이 귀엽습니다.

아빠가 몸을 올리자, 유유히 터널을 빠져나왔습니다. "잘했어. 우리 딸. 제법이네! 한 번 더 할까?"

이 놀이에 달린
소셜댓글
 조○○ 아빠 공룡의 등장!
공룡 다리 터널 사이로 쏙쏙 잘 도망다닙니다. ㅋㅋㅋ

기는 아이

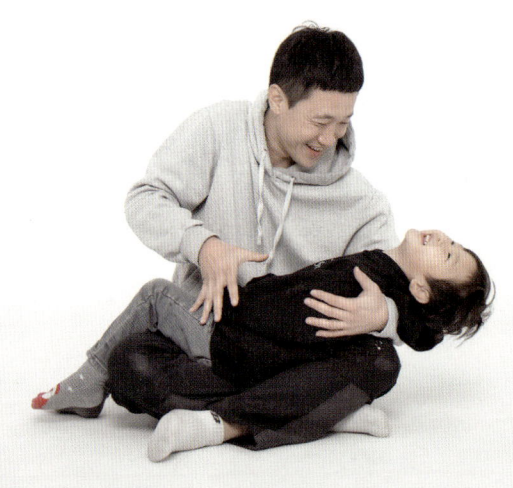

놀이 도구
—
필요 없음

놀이 도구
—
아무 때나

우리 아이가 얼마나 컸을까요?
한 뼘 두 뼘 키재기

손가락을 벌려 발끝부터 머리까지 아이의 키를 재는 놀이입니다. 한 뼘 두 뼘 아빠의 손가락이 지날 때마다 간지러운지 아이가 깔깔거려요. 우리 아이는 다섯 뼘이 나오네요. 조그맣던 때가 엊그제 같은데 언제 이렇게 컸는지 놀랍습니다. 건강히 잘 자라준 아이에게 고맙기도 하고요. 이번엔 반대로 아이가 아빠의 키를 재어주었습니다. 작고 작은 고사리손으로 아빠의 다리부터 쿡쿡 누르며 키를 재는데 너무 귀엽습니다. 이러다 끝날지 모르겠어요. 우리 아이는 얼마나 자랐을까요? 한 뼘 두 뼘 키재기! 즐겁게 해보세요.

★ 16가지 놀이 효과 ★

아동발달 전문가의 한마디
아이의 신체가 성장했음을 눈으로 한 번, 손으로 또 한 번 느껴보는 놀이입니다. 아이의 어린 시절 신체 사이즈를 이야기하며 추억놀이 또한 가능합니다.

아이를 품에 안고 키재기 시작합니다. 얼마나 컸을까? 한 뼘 두 뼘 세 뼘~.

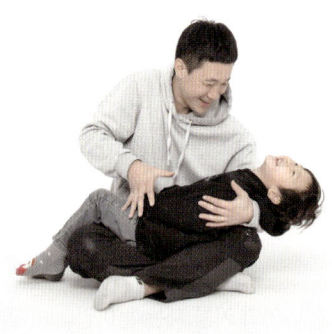

아빠의 손이 지나갈 때마다 간지러운지 몸을 비틀며 깔깔거려요.

머리끝까지 일곱 뼘 나오네요. 언제 이렇게 컸는지 대견하고 사랑스럽습니다. 사랑해, 아들.

이 놀이에 달린 소셜댓글

 조○○ 잴 때마다 조금씩 자라는 것 같아요. 아이의 웃음소리에 아빠도 즐겁습니다.

`기는 아이`

놀이 도구

필요 없음

놀이 상황

아빠한테 운동됨

놀이공원까지 안 가도 됩니다!
회전 그네

양팔 겨드랑이를 잡아 올려서 빙글빙글 돌려주는 놀이입니다. 아빠만 보면 반가워서 달려드는 우리 딸. 아빠도 얼마나 행복한지 모릅니다. 첫째 딸이 기어 다닐 때부터 조심조심했습니다. 이제 곧 초등학생이 되는데 지금도 아빠를 발견하면 신나게 달려와서는 돌려달라고 합니다. 하루에도 여러 번씩 했으니까 지금까지 몇백 번은 했을 겁니다. 그래도 재밌나 봐요. 문제는 아빠가 점점 힘이 달립니다. 그래도 아이가 즐거워하니까 또 해줘야지요? 비록 이 한 몸 힘들어도!

★ 16가지 놀이 효과 ★

아동발달 전문가의 한마디
아빠가 빠르게 회전할수록 아이의 다리가 더 높이 떠오릅니다. 아이가 자세를 바꿔보려 해도 회전의 힘 때문에 쉽지 않죠. 균형감각에 좋은 활동이자, 아이가 회전력을 몸소 체험할 수도 있습니다.

"자, 아빠에게 오세요. 빙글빙글 돌아갑니다."

아이를 번쩍 들어 올려서 힘차게 돌려주었습니다. 아이는 꺄르르거리면서 너무 즐거워합니다.

행복해하는 아이를 보니 멈출 수가 없습니다. 아빠도 네 덕에 행복해. 할 수 있을 때 많이 해줄게!

이 놀이에 달린 소셜댓글

- 김○○ 1분 놀이이긴 한데 백 번 해야 함
- 윤○○ 회전 놀이보다 더 스릴? 있는 것을 원해서… 아빠들 팔 근육 향상에 도움이 됩니다^^
- 이○○ 남자애들은 아빠가 저렇게 해주면 정말 좋아하죠ㅎㅎㅎ

걷는 아이

다른 사람의 말도 조금씩 알아듣고 스스로 걸어 다니며 적극적으로 탐색하는 18개월 무렵부터,
몸을 활용하는 게 조금은 수월해지는 48개월 정도까지 함께 하면 좋은 놀이입니다.
물론 그 이상의 아이도 충분히 재미있게 할 수 있습니다.
이 시기의 아이는 아직 힘 조절과 감정 조절이 미숙할 수 있으니 잘 받아주고 배려해주세요.

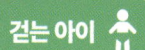 걷는 아이

놀이 도구

공

놀이 상황

에너지 발산

우리 집 밸런스 대장
공 위에서 균형 잡기

우리 집 균형 잡기의 달인은 누구일까요? 공 위에서 균형 잡는 놀이입니다. 한참 일어서서 걷고 뛰고 넘어지는 영유아 아이들에게 좋은 놀이 같아요. 물론 더 큰 아이들도 얼마든지 할 수 있습니다. 아빠가 조심조심 아이를 공 위에 앉혀주었어요. 흔들흔들 넘어질 것 같아 머리가 쭈뼛쭈뼛하지요. 넘어지지 않으려 애쓰는 아이의 모습이 귀엽습니다. 이번엔 두 다리로 중심 잡고 일어섰어요. 공이 움직이니 서 있기가 쉽지 않아요. 다치지 않도록 조심조심 아빠가 붙잡아주었습니다. 생각보다 잘하네요! 균형 잡기 몇 번 하더니 공 굴리고 놉니다. 즐겁게 해보세요.

★ 16가지 놀이 효과 ★

아동발달 전문가의 한마디
말랑말랑한 공부터 조금 단단한 공까지 여러 종류의 공을 준비하면 다양한 촉감을 느낄 수 있습니다. 동시에 아빠가 아이를 잡아주며 정서적 안정감과 균형감각을 느낄 수 있는 놀이입니다.

아빠가 조심조심 공 위에 앉혀주었어요. 흔들흔들 균형 잡으려 노력합니다.

쓰러지지 않고 제법 잘 버티네요. 아빠를 꼭 붙잡고 있습니다.

이번엔 일어서볼까? 와! 성공. 우리 집 밸런스 대장이 나타났습니다. 잘했어!

이 놀이에 달린
소셜댓글

 장○○ 엉덩이 앉기, 일어서기, 배로 균형 잡기, 등으로 눕기! 할 수 있는 게 많아요.

걷는 아이

놀이 도구

줄

놀이 상황

제대로 놀고
싶을 때

간식도 먹고 즐거운 추억의 놀이
과자 따 먹기

줄에 과자 같은 간식들을 매답니다. 빨래집게를 이용해도 좋습니다. 매달려 있는 과자를 입으로 따 먹는 놀이입니다. 집에서 간식을 줄 때 이 놀이를 자주 합니다. 아빠랑 엄마랑 양옆에서 간식을 매단 줄을 잡아줍니다. 아이들이 손을 뒤로 하고 출발선에서 출발합니다. 입을 이용해서 열심히 과자를 따 먹습니다. 마음이 급할 땐 손을 사용하기도 합니다. 그 모습도 참 귀엽지요. 반칙이라고 알려주고 적당히 애교로 넘어갑니다. 과자 따 먹기에 성공한 아이는 세상을 다 가진 듯한 자신감으로 우쭐합니다. 간식도 맛있고요. 온 가족이 행복한 추억의 놀이! 오늘 한번 해 보세요.

★ 16가지 놀이 효과 ★

아동발달 전문가의 한마디

흔들거리는 과자를 입으로 먹기 위해 아이는 주의를 집중해야 합니다. 몸이 마음을 따라갈 수 있도록 신체를 조절하는 능력을 키워야 하지요. 드디어 과자를 입으로 앙 깨물었습니다. 아이는 스스로 해냈다는 성취감도 느낄 수 있습니다.

굳이 규칙을 설명을 하지 않아도 아이가 이해했습니다. 아빠의 "출발" 소리와 함께 힘차게 달려옵니다. 그리고 금세 과자를 따 먹네요. 나이스!

형이 하는 모습을 보고 동생도 달려옵니다. 어린 줄만 알았는데 형 못지않게 잘합니다. 깜짝 놀랐어요.

이번엔 큰 형님까지 삼형제 모두 출동입니다. 멋진 가족이죠? 아주 훌륭합니다. 온 가족이 행복한 추억의 과자 따 먹기 놀이. 오늘 한 번 해보세요.

이 놀이에 달린 소셜댓글

 Eun○○ 박○○ 요거 내일 어떠십니까?

 박○○ Eun○○ 그래. 그럼 새로운 과자 트는 거네?

걷는 아이

놀이 도구

필요 없음

놀이 상황

제대로 놀고
싶을 때

동요를 부르며 춤도 춥니다
그대로 멈춰라

"즐겁게 춤을 추다가 그대로 멈춰라" 노래 아시죠? 이 동요를 부르면서 나오는 가사에 맞추어 행동하는 놀이입니다. 어디서 배웠는지 아이가 입으로 흥얼거립니다. 바로 그때입니다. 아빠가 함께 신나게 놀아주세요. 같이 손을 잡고 빙글빙글 돌아도 좋고, 자유롭게 춤을 춰도 좋습니다. 아빠가 적극적으로 함께 해준다면 아이는 그것만으로도 정말 좋아합니다. 동요에 맞춰서 신나게 춤을 추다가, '그대로 멈춰라'가 나오면 얼음! 하고 바로 멈춥니다. 땡 하고 다시 노래를 시작합니다. 동심으로 돌아가서 신나게 춤추고 놀아봐요!

★ 16가지 놀이 효과 ★

아동발달 전문가의 한마디
춤은 균형감각, 대근육 등 신체 능력을 키워주는 활동입니다. 노래를 부르며 춤을 추면 아이의 스트레스도 저절로 해소됩니다.

"우리 손잡고 빙글빙글 돌아볼까? 그대로 멈춰라! 하면 바로 멈추는 거야!"

"즐겁게 춤을 추다가~." 노래에 맞춰서 아이와 함께 신나게 춤을 춥니다.

"그대로 멈춰라"가 나오면 얼음! 타이밍에 맞춰서 멈춥니다. 동심으로 돌아가서 아이와 함께 동요도 부르고 춤도 춰보세요!

이 놀이에 달린 소셜댓글   **조**○○ 아빠랑 노는 거는 언제든 좋습니다. ^^

걷는 아이

놀이 도구
필요 없음

놀이 상황
제대로 놀고 싶을 때

아빠 목말 태워주세요
목말 택시

아이를 목말 태워주는 놀이입니다. 아이들이 틈만 나면 요구합니다. "아빠, 목말 태워주세요." 때론 피곤할 때도 많습니다. 하지만 아빠에게 다가오는 아이의 요구를 차마 거절하기 어렵네요. 아이를 위해서 자세를 낮추고 목말을 태워줍니다. 아빠가 일어서자 아이는 아주 신나 합니다. "어디로 갈까요, 왕자님?" 아빠가 물어보자 아이가 대답합니다. "엄마한테요." 아빠 목말 택시가 출발합니다. 엄마에게 가는 동안 성큼성큼 때론 덜컹덜컹 아빠의 자체 효과에 아이는 더욱 즐겁습니다. "자, 다 왔습니다." 아빠가 태워준 목말 위에서 아이는 세상을 다 가진 기분입니다. 아빠도 네 덕에 행복하단다. 사랑해!

★ 16가지 놀이 효과 ★

아동발달 전문가의 한마디
스킨십을 통해 아이는 아빠에 대한 신뢰감을 쌓습니다. 또한 높은 곳에서 균형을 잡기 위한 신체 집중력을 키울 수 있습니다.

"아빠, 목말 태워주세요." 아이가 요청합니다. 아빠도 기분 좋게 목말을 태웠습니다. "자, 어디로 갈까요. 손님?"

"저기, 엄마한테요." 아빠 목말 택시가 출발합니다. 흔들흔들, 폴짝폴짝 뛰기도 하면서 나아갑니다. 엄마에게 가는 길이 무척이나 행복합니다.

"자, 다 왔습니다. 내릴까요?" 아빠가 물었습니다. 그런데 아이는 내리고 싶지 않은가 봅니다. 아빠에게 매달려 온갖 장난을 칩니다. 그런 장난이 아빠도 싫지는 않습니다. 조금 힘들지만, 할 수 있을 때 많이 해주렵니다.

이 놀이에 달린 소셜댓글

 Jae○○ Ahn○○ 너무 즐거워하는 우리 아이^^

 조○○ 아이들이 목말 타는 거 참 좋아하지요. 엄마 컨디션 좋을 땐, 둘째도 태워서 간이 기마전도! ㅎㅎㅎ

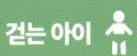 걷는 아이

놀이 도구
필요 없음

놀이 상황
가만히 앉아서

하마가 나타났다. 으아!
목소리 오래 내기

목소리를 더 오래 내는 사람이 이기는 놀이입니다. 하는 모양새가 마치 하마가 입을 쫙 벌리고 있는 것 같습니다. 아빠가 "아~." 했습니다. 아이가 처음에는 이게 뭔가 하고 저를 관찰합니다. 놀이를 이해했는지 아이도 "아~." 하기 시작합니다. 점점 승부욕이 불타오릅니다. 이기려고 소리도 엄청 크게 내요. "으아아아아아아." 그런 아이가 너무 귀엽고 사랑스럽습니다. 열심히 하는 아이를 차마 이길 수가 없었어요. 그래서 적절한 타이밍에 콜록콜록하면서 아이의 승리를 인정해주었습니다. 참, 이 놀이는 운전하면서 차 안에서도 가능합니다. 요긴하게 활용해보세요.

★ 16가지 놀이 효과 ★

스트레스 해소 / 자신감 / 자기 조절력 / 집중력 / 관찰력 / 배려심

아동발달 전문가의 한마디
아빠를 따라 하는 모방 놀이를 통해 다른 사람의 행동을 따라 자신을 조절하는 자율성을 키울 수 있습니다. 오랜 시간 소리를 내야 하는 활동이기에 소리 조절 능력도 키울 수 있습니다.

"소리를 더 오랫동안 내는 사람이 이기는 거야. 아~~."

놀이를 시작하니까 아이의 승부욕이 불타오릅니다. 입도 크게 벌리고 목소리도 엄청 커요. "으아아아아아."

콜록콜록, 우리 딸이 이겼습니다. 뭐든지 열심히 하는 딸이 참 자랑스럽습니다.

이 놀이에 달린 소셜댓글

- 김○○ 정○○ 항상 하고 있지 승리는 나
- 채○○ 김○○ ㅋㅋㅋ 다희랑 아아아 소리 지르면서 누가 더 오래 내는지 하자나 ㅋㅋ
- 이○○ 이건 뭐 항상 하는 놀이가 아닌 싸움?

 걷는 아이

놀이 도구
필요 없음

놀이 상황
아무 때나

아빠 발 위에서, 하나 둘 하나 둘!
발등 걸음마

양손을 잡은 채 아이가 아빠의 발등 위에 올라가서 함께 걸어가는 놀이입니다. 호흡을 잘 맞춰야만 쉽게 걸어갈 수 있습니다. "아빠 발등 위에 올라가 볼래? 같이 걸어가 보자!" 아빠의 제안에 아이가 올라옵니다. 하나 둘! 하나 둘! 함께 구호도 외치지만 처음엔 잘 안 돼요. 아빠가 힘으로 끌고 가면 되레 넘어집니다. 몇 번 반복했더니 호흡이 제법 맞습니다. 구호에 맞춰서 왼발 오른발을 함께 내딛습니다. 속도가 점점 붙어요. 함께 무언가를 했다는 생각에 뿌듯합니다. 기분이 좋아서 "한 번 더?" 했더니 아이는 쌩~ 도망가네요. 너무 오래 했더니 힘들었나 봐요.

★ 16가지 놀이 효과 ★

아동발달 전문가의 한마디
어렸을 때는 아빠에게 몸을 맡기지만 점점 자랄수록 아빠의 속도와 방향에 맞춰 함께 걷습니다. 아빠 발등을 밟고 조심 걷다 보면, 신체 조절력과 집중력, 균형감각을 동시에 키울 수 있습니다.

"아빠 손을 잡고 발등 위에 올라가 볼래? 힘을 합쳐서 함께 걸어보자!"

호흡을 맞춰서 한 걸음 한 걸음 걸어갔습니다. 몇 번 반복했더니 제법 척척 맞습니다.

뿌듯했습니다. "한 번 더?" 했더니 아이가 쌩~ 도망갑니다. 너무 오래 했더니 힘들었나 봐요.

이 놀이에 달린 소셜댓글

 박○○ hyun○○ 서원이 아버님 서원이와 함께

 Dae○○ 주의사항!! 아이와 마주 보고 해야 합니다. 애 뒤꿈치 정말 아픕니다 ㅎㅎ

 걷는 아이

놀이 도구
필요 없음

놀이 상황
장난치고 싶을 때

여보세요! 잘 지내셨나요? 근데 이게 무슨 냄새지?

발바닥 전화

아빠의 발바닥이 전화기가 되었습니다. 서로의 발바닥을 가지고 통화하는 놀이입니다. 아이가 아빠의 스마트폰을 자꾸 만지작거립니다. 아이에게 장난칠 겸 본 때를 보여주었습니다. 아빠의 발바닥을 아이의 귀에 댔습니다. "여보세요! 우리 아들이에요? 반갑습니다. 지금 뭐 하세요?" 아이가 아빠로부터 빠져나가려고 발버둥을 칩니다. 그러다가 재미있는지 맞장구도 쳤다가 합니다. 이번에는 역할을 바꿔보았습니다. 아이의 발바닥을 아빠의 귀에 댔습니다. 두런두런 살아가는 이야기도 나누면서, 발바닥도 한 번씩 간질였더니 깔깔거리면서 좋아하네요. 참고로 발은 깨끗이 씻고 합시다. 아이에게도 아빠에게도 서로 매너를 지켜야지요!

★ 16가지 놀이 효과 ★

아동발달 전문가의 한마디
아빠가 한 대로, 아이도 따라 합니다. 모방 놀이는 사회적 언어를 배울 수 있게 돕습니다. 또한 소통에 대한 자신감도 자라게 되죠.

놀이를 하기 전에 먼저 발을 깨끗이 씻으세요. "전화 왔습니다. 얼른 받아야지~?"

발바닥 전화기를 아이 귀에 댔습니다. "여보세요, 잘 있으셨어요? 지금 뭐 하고 계세요?" 아이가 아빠로부터 도망치려고도 했다가, 재미있는지 맞장구도 쳤다가 합니다.

역할을 바꿨습니다. 아이를 목말 태워서 발바닥을 아빠의 귀에 댔습니다. "여보세요?" 이번에는 아이가 이야기 합니다. 한 번씩 발바닥도 간질였더니 깔깔대며 좋아하네요.

이 놀이에 달린 소셜댓글

 박○○ 신○○ 이거 하면 큰일나쥬 집안이 뒤집어진다 ㅋㅋ

걷는 아이

놀이 도구

베개

놀이 상황
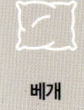
에너지 발산

맞아도 아프지 않아요. 덤벼!
베개 싸움

베개를 들고 상대방과 싸우는 놀이입니다. 역사와 전통을 자랑하는 최고의 아빠 놀이지요. 아빠의 에너지가 넘칠 때 하면 됩니다. 베개로 툭툭 아이를 건드렸습니다. 그랬더니 자기도 베개를 들고 바로 덤벼듭니다. 서로 베개를 휘두르기도 하고, 일방적으로 공격하기도 하고, 아이를 피해서 도망 다니기도 했습니다. 결국은 아이에게 항복했습니다. 붙잡혀서 실컷 베개로 얻어 맞았어요. 그래도 아프지 않고 서로 웃음만 나옵니다. 비교적 안전한 놀이입니다만 다치지 않도록 서로 주의하세요. 한바탕 놀고 나니까 스트레스가 확 풀렸습니다!

★ 16가지 놀이 효과 ★

아동발달 전문가의 한마디

흔히 볼 수 있는 도구를 이용한 놀이이자 아이들이 좋아하는 놀이지요. 짧은 시간 내에 많은 에너지를 소진시키는 놀이입니다. 어린아이는 흥이 넘친 나머지 힘이 조절되지 않을 수 있어요. 혹시 너무 강도가 세더라도 무턱대고 혼내지는 마세요.

"베개 싸움 알지? 자, 덤벼!"

으얍! 베개로 아이를 공격하기도 하고, 맞기도 하고, 피해서 도망 다니기도 했습니다.

그런데 결국은 실컷 얻어 맞았습니다. 항복 항복! 한바탕 했더니 스트레스가 확 풀리네요!

이 놀이에 달린 소셜댓글

박○○ 하… 나는 1분 하자고 하지만 아들들은 30분씩 함.

조○○ ShinOO 오늘은 베개 가지고 실컷 놀았네. ㅎㅎㅎ

보리, 보리, 쌀! 잡았다!
보리 쌀

보리는 안 잡고 쌀은 꼭 잡는 놀이입니다. 어릴 때 많이 했습니다. 특별한 준비가 없습니다. 이동 중이나 무언가를 기다릴 때 막간을 이용해서 자주 합니다. 두 손을 모으고 아이의 주먹을 받을 준비를 합니다. "보리 쌀" 하면서 놀이 시늉을 합니다. 그러면 아이가 자연스럽게 반응을 해요. "쌀!" 처음부터 쌀입니다. "보리~ 보리~ 쌀!" 아이가 재빠르게 손을 빼네요. 이번엔 아빠 차례입니다. "보리~보리~ 쌀!" 아이에게 꼭 잡혔습니다. 아빠는 잘 못 잡았는데, 우리 아이는 아빠 주먹을 잘 잡네요. 대단합니다. 아빠가 배려해준 덕분이겠지요?

아동발달 전문가의 한마디
아빠의 표정과 입 모양을 읽고, 주먹을 잡아야 할지 말아야 할지 결정합니다. 아이는 아빠 얼굴과 주먹에 집중하다가 순발력을 발휘해 주먹을 잡습니다. 아이와 규칙을 만들어가면서 약속의 개념도 함께 설명해주세요.

"한 사람은 양손을 펼치고, 한 사람은 주먹을 쥐어. 주먹 쥔 사람이 양손 안으로 주먹을 뻗으면서 보리 아니면 쌀이라고 말해. 보리라고 하면 안 잡고 쌀이라고 하면 잡는 거야."

"보리~ 보리~ 쌀!" "잡아라."

"잡았다!" 우리 아들이 아주 잘 잡네. 잘했어!

이 놀이에 달린 소셜댓글

 이○○ 추억의 놀이지~^^

 Ji○○ 아이들도 아빠도 너무 즐거운 시간~~^^

걷는 아이

놀이 도구
수건

놀이 상황
에너지 발산

행복한 밀당 놀이
수건 줄다리기

양쪽에서 수건을 당기는 놀이입니다. 샤워하기 전후나, 빨래를 갤 때 수건이 눈에 띕니다. 그때 한 번씩 합니다. 수건을 잡아서 아이의 손에 쥐어주었습니다. 자연스럽게 서로 힘을 주면서 줄다리기를 시작했습니다. 아이는 있는 힘을 다해 당기지만 아빠의 힘이 훨씬 세요. 적당히 밀고 당기기를 합니다. 그런데 결국 승자는 우리 아이예요. 아빠를 이기고 나서는 얼마나 기뻐하는지 모릅니다. 딸아, 지금까지 잘 자라줘서 고마워. 앞으로도 건강하게 자라렴. 언젠가 진짜로 결투를 신청할게!

★ 16가지 놀이 효과 ★

균형감각 / 근지구력 / 스트레스 해소 / 자신감 / 집중력 / 배려심

아동발달 전문가의 한마디
수건을 힘껏 당기다 보면 전신 근력 발달에 도움이 됩니다. 힘을 조절하면서 자기 조절 능력이 향상됩니다.

"수건을 힘껏 당기는 거야. 누가 이기는지 해볼까? 당겨!"

아이가 웃으면서 있는 힘껏 당깁니다. 아빠도 적절한 액션과 밀당으로 놀이의 재미를 더합니다.

으앗! 결국, 줄다리기의 승자는 우리 딸이에요. 활짝 웃는 아이의 모습에 아빠도 행복합니다.

이 놀이에 달린 소셜댓글

- 이○○ 온 힘을 다해 아빠를 이기려 하네요. 덕분에 재미나게 놀았어요
- 신○○ 재미있었어요 ㅎㅎ 누워서도 지지 않으려는 딸의 집념을 보았습니다~
- 윤○○ 수건 줄다리기로는 도저히 감당이 안 돼서 여름 이불로 줄다리기 했는데… 거의 체육대회 수준이었어요~~ 애들이 온 힘을 다하니까 저도 운동이 되네요^^

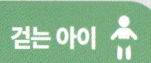 걷는 아이

놀이 도구
필요 없음

놀이 상황
실내에서

벽 타기 달인 등장!
스파이더맨

영화 속 스파이더맨처럼 아이가 벽을 타고 움직이는 놀이입니다. 아빠가 있으니 무엇이든 할 수 있지요. 아이를 번쩍 안아 올려주었어요. 벽에 기대어 손을 짚고 발로 기어 성큼성큼 올라갑니다. 아득한 높이에 머리카락이 쭈뼛 서지만 아빠가 있어서 든든합니다. 이러다가 천장까지 이르겠어요. 잠자러 가면서 소등할 때 아빠가 들어주면 아이가 벽 타고 스위치를 끄기도 합니다. 하루를 마무리하며 아빠도 아이도 재밌지요. 우리 아이의 벽 타기 실력은 어떨까요? 다치지 않게 조심하면서 즐겁게 해보세요. 우리 집 벽 타기 달인 등장이오!

★ 16가지 놀이 효과 ★

아동발달 전문가의 한마디
아이에게 신체적 독립심과 유능감을 동시에 줄 수 있는 놀이입니다. 놀이 전에 거미와 관련된 이야기와 노래를 들려주며 사물에 대한 관찰력을 증진할 수 있습니다.

조심히 아이를 안아 들어주었습니다.
손 짚고 발 디디며 조심조심 올라가요.

"아빠, 저 잘하고 있죠?"
"그럼 너무 잘하고 있어!"

어느새 아빠의 키보다 훨씬 높은 곳까지 왔습니다. 머리가 쭈뼛쭈뼛해요. 그래도 아빠가 붙잡아주니 안전하고 좋습니다. 스파이더맨 출동!

**이 놀이에 달린
소셜댓글**

 표○○ 아이가 벽을 타고 오르락내리락해요.
아빠는 힘들어 보이는데 아이는 즐거워하네요.

걷는 아이

3종 세트: 눈싸움, 피구, 축구

신문지 공놀이

신문지로 할 수 있는 놀이는 무궁무진합니다. 신문지를 뭉치면 근사한 공이 되지요. 신문지 눈싸움, 피구, 축구, 야구, 배구 등 할 수 있는 놀이가 참 많아요. 아이와 함께 신문을 쭉쭉 찢었습니다. 신문지가 찢어지는 소리에 스트레스도 풀려요. 몇 가닥 뭉치니 훌륭한 눈 뭉치가 됐습니다. "받아라, 얍얍!" 재밌게 눈싸움해요. 조금 더 크게 뭉치니 피구 공이 되네요. 전설의 불꽃 슛, 파워 슛, 회오리 슛. 아이와 주고받습니다. 이번엔 골대를 만들어 발로 차요. "준비하고, 슛~ 골인!" 아주 잘 차네요. 너무 어지럽혀지면 안 되겠죠? 정리도 아빠와 아이의 몫입니다. 즐겁게 해보세요.

놀이 도구 — 신문지

놀이 상황 — 제대로 놀고 싶을 때

★ 16가지 놀이 효과 ★

아동발달 전문가의 한마디

신문지 공놀이를 시작하기 전 도입 단계로 아이가 신문지의 질감을 느끼게 해주세요. 신문지 찢기는 촉감놀이가 되면서 동시에 스트레스를 완화하는 데에도 도움이 됩니다. 아이가 찢어진 신문지를 직접 넓은 테이프로 돌돌 말아 붙이게 해주세요. 공놀이의 즐거움이 배가 될 겁니다. 신문지 공은 농구, 축구, 바구니에 골인시키기 등 다양한 놀이로 확장할 수 있습니다.

눈싸움
받아라, 얍얍! 요리조리 피하고 맞히며 재밌게 눈싸움해요.

피구
피구왕 통키가 생각납니다. 불꽃 슛, 회오리 슛, 파워 슛!

축구
발로 뻥, 슛~ 골인! 우리 아이 잘 차죠? 재밌게 해보세요.

이 놀이에 달린 소셜댓글

 박○○ 집에서 하는 이 작은 놀이가 얼마나 재밌고 신나는지요. 즐겁습니다.

걷는 아이

놀이 도구

신문지

놀이 상황

제대로 놀고 싶을 때

눈이 날아옵니다. 얍얍얍!
신문지 눈싸움

신문지로 눈 뭉치를 만들어서 상대를 공격하는 놀이입니다. 신문지 격파나 찢기를 하고 나서 정리할 겸 하면 좋습니다. 아이와 함께 신문지 눈을 만들었습니다. 아이가 하고 싶은 대로 다양한 크기의 눈을 만들었습니다. 마지막은 테이프를 사용해서 풀리지 않도록 매끄럽게 감싸주었습니다. 아이에게 휙 던졌습니다. 금세 반응합니다. 눈을 들어서 아빠를 열심히 맞힙니다. 도망도 다니고 반격도 열심히 했습니다. 하지만 많이 맞았어요. 아이도 즐거운지 시종일관 즐겁게 눈싸움을 했습니다.

★ 16가지 놀이 효과 ★

아동발달 전문가의 한마디

신문지를 동그랗게 뭉치는 활동은 소근육 발달에 도움이 됩니다. 본 게임에 들어가 아빠에게 신문지 눈을 맞혀봅니다. 날아오는 눈도 피해야죠. 시지각이 발달하고 눈과 손의 협응력도 자랍니다. 던지는 행동은 대근육 발달에도 도움이 되고, 피하려면 순발력과 민첩성도 자랍니다.

"눈을 다 만들었네. 아빠가 던진다. 조심해!"

얍얍! 아빠가 눈 뭉치를 던졌습니다. 아이가 맞았어요. 그러자 아이가 금세 반응합니다.

곧장 눈을 주워서 아빠를 맞힙니다. 하다 보니 많이 맞았어요. 아빠도 아이도 즐거운 눈싸움입니다. 얼굴에 맞지 않게 주의해주세요.

이 놀이에 달린 소셜댓글

 Dae○○ 아빠랑에서 하는 놀이 중에 유사한 놀이로 4~5가지 세트로 진행하면 약 20~30분 정도 소요되는데, 이렇게 신나게 몇 주 놀았더니, 신경질 덩어리 막내 아들이 상냥이^^가 되었어요~~ 역시 아빠와 놀이 그리고 사랑이 묘약인가 봅니다.^^

걷는 아이

놀이 도구
―
신문지

놀이 상황
―
제대로 놀고
싶을 때

힘내! 5초만 버티세요
신문지 섬

신문지 위에 한 팀 사람들이 모두 올라가는 놀이입니다. 성공하면 신문지를 반으로 접어 공간을 좁혀가면서 더 오랫동안 버티는 팀이 승리하는 놀이입니다. 수련회나 MT 때 했던 생각이 납니다. 아이들과 이 추억의 놀이를 했습니다. 처음에는 가뿐한데, 두세 번만 접어도 만만치 않습니다. 아빠의 발 위로 쏙 올라가기도 하고, 아빠가 번쩍 들어서 버티기도 했습니다. 함께 5초를 버티기로 규칙을 세웠는데, 아빠를 꽉 안더니 떨어지지 않고 잘 붙어 있습니다. 아빠도 아이가 떨어지지 않도록 힘껏 안아주었습니다. "자, 버텨!" 아이가 아빠를 의지하는 것이 느껴져요. 기분 좋습니다.

★ 16가지 놀이 효과 ★

아동발달 전문가의 한마디
신문지 위에서 오래 버텨야 하는 공동의 목표가 생깁니다. 이를 통해 협동 의식을 기를 수 있습니다. 신문지를 접을수록 공간이 작아지지요. 공간의 변화를 보며 공간 지각 능력을 이해시킬 수도 있습니다.

"이 신문지 위에 우리가 함께 올라가는 놀이야. 그리고 성공하면 신문지를 반으로 접어서 또 해보자!"

몇 번 접었더니 발 디딜 곳이 없습니다. 아이를 번쩍 들었어요. 그런 아빠가 듬직한지 행복한 미소를 짓습니다.

"자, 버텨!" 추억의 신문지 놀이! 엄마팀 vs. 아빠팀으로 시합해도 재미있습니다.

이 놀이에 달린 소셜댓글

 Gyu○○ 아빠랑님 엠티 좀 다녀보셨나 봐요ㅋㅋㅋㅋㅋ

걷는 아이

놀이 도구
신문지

놀이 상황
에너지 발산

시원하게 격파해봅시다! 자신감 쑥쑥 상승!
신문지 격파

신문지를 가지고 격파하는 놀이입니다. 연속적으로 여러 가지 놀이를 할 수 있다는 점에서 신문지는 유용합니다. 그중에서도 격파 놀이는 처음에 하면 좋고 재미도 단연 최고예요. 아빠가 신문지를 펼쳐서 잡아주었습니다. 바로 주먹이 날아옵니다. 이제는 손날로도 하고, 손가락으로 하고, 발로도 격파합니다. 아이의 손이 닿을 때마다 신문지가 쭉쭉 찢어지니 얼마나 기분이 좋은지 몰라요. 그런데 사실 아빠가 잘 찢어지도록 살짝 힘을 주긴 했습니다. 격파하고 난 뒤 아이의 표정이 우쭐해졌어요. 자신감이 더 많이 생긴 것 같습니다!

★ 16가지 놀이 효과 ★

아동발달 전문가의 한마디
후다닥 신문지로 달려옵니다. 아이의 민첩성 발달에 도움이 되지요. 또한 아이는 적절한 위치에서 멈춰 주먹을 뻗어야 합니다. 온몸의 협응 능력이 발달합니다. 시원하게 갈라진 신문지를 보면 자신감도 자랍니다.

"자! 아빠가 신문지를 잡아줄게. 주먹으로 격파를 해볼까?"

아이가 힘껏 달려들어 격파를 합니다. 모양이 제법 그럴듯해요. 으얍!

대단한 펀치력입니다. 손날 치기, 손가락 치기, 발차기 등 다양한 격파가 이어졌습니다. 아이의 자신감도 자란 것 같아요!

이 놀이에 달린 소셜댓글

 박○○ 좋다

 한○○ 신문지로 많은 놀이를 할 수 있죠. 간단하고 재미있는 놀이인 것 같아요.~~^^

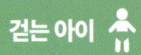 걷는 아이

놀이 도구
―
필요 없음

놀이 상황
―
아빠한테
운동됨

아빠에게 매달리자! 대롱대롱

아빠 철봉

아빠를 철봉 삼아 아이가 매달리는 놀이입니다. 많이 해보셨죠? 아이가 어느 정도 크기 시작하니 매일같이 하는 놀이입니다. 비록 힘들긴 하지만 아빠만 보면 좋다고 달려드는 아이들이 있어서 참 행복합니다. 아빠의 팔에 매달린 아이는 떨어지지 않기 위해 필사적인 노력을 합니다. 약간의 위험을 느끼면서도 아빠가 안전하게 자신을 붙잡아주리라는 생각에 안심하며 더욱 즐겁게 놀이합니다. 이제 여기서 더 크면 하고 싶어도 못 할 것 같아요. 바로 지금! 아이가 원한다면 아빠가 부지런히 철봉이 되어줘야겠습니다. 그러다 보니 아이와의 친밀감도 쑤욱 올라가네요!

★ 16가지 놀이 효과 ★

아동발달 전문가의 한마디
아이는 아빠 팔에 매달리며 손과 팔의 근력을 키웁니다. 아이가 온전히 몸을 내맡길 수 있는 건 아빠를 완전히 신뢰하기 때문이죠. 놀이를 하며 신뢰감도 자라고 있습니다.

"아들, 아빠 팔에 매달려볼까? 할 수 있겠어? 자, 시작!"

아이가 아빠의 팔에 단번에 매달렸습니다. 와우! 정말 대단한데요! 생각했던 것보다 훨씬 힘도 좋습니다. 힘들지만, 아빠도 덩달아 정말 신나요.

형이 하는 걸 보더니 동생도 달려듭니다. "아빠! 아빠!" 동생은 조금 어려서 아빠가 든든하게 잡아주었습니다. 두 아들이 양옆에 있으니 이보다 좋을 수 없습니다. 아빠라서 행복합니다. 고맙다. 아이들아!

♡

이 놀이에 달린 소셜댓글

　조○○ 생각보다 잘 매달립니다. 아이들이 클수록 힘들어요. ㅎㅎㅎ

 걷는 아이

놀이 도구
—
필요 없음

놀이 상황
—
제대로 놀고 싶을 때

아이랑 드라이브를 떠나볼까요?
아빠 택시

아빠가 택시 운전사가 되어서, 아이를 품에 앉히고 드라이브하는 놀이입니다. 어느새 아이가 도로의 규칙을 알고 있습니다. 초록불에 가고 빨간불에 멈추는 신호등도 잘 알아요. 참 대견합니다. "아들! 아빠랑 택시 탈까?" 물어봤더니 아빠 품에 쏙 들어와서 앉습니다. "자! 출발합니다. 부릉~." 도로의 상황들을 묘사해주고 흔들흔들 자체 효과를 만들어주었습니다. 그랬더니 너무 즐거워해요. 아빠 택시에서 유치원 이야기도 하고 친구들 이야기도 했습니다. 벌써 목적지에 도착했네요. 그간 뭐가 그리 바빴을까요? 잠시 멈추고 아이와 드라이브를 떠나보세요.

★ 16가지 놀이 효과 ★

아동발달 전문가의 한마디
목표를 만들고 그곳에 도달하기까지 이야기를 나누려면 아빠와 함께 대화하고 상상력을 발휘해야 하죠. 그 과정에서 아이의 생각과 대화 능력이 자랍니다. 아빠 무릎 위에서 안정감을 느끼기 위해 대근육을 이용해 균형을 잡다 보면 대근육과 평형감각이 발달합니다.

"아빠 택시가 왔습니다. 이쪽에 앉아 보세요. 부릉~ 출발합니다."

"어~ 앞에 차가 옵니다. 조심하세요!" 도로의 상황을 묘사해주고 흔들흔들 자체 효과도 넣어주니 더욱 즐겁습니다.

"멈춥니다. 브레이크!" 그간 뭐가 그리 바빴을까요? 아이와 드라이브하면서 도란도란 이야기 나누니까 참 좋습니다.

이 놀이에 달린 소셜댓글

 윤○○ 이○○ 이것 보고 배우세요

걷는 아이

놀이 도구
—
필요 없음

놀이 상황
—
가만히 앉아서

어떤 손가락으로 눌렀는지 맞혀보세요
어떤 손가락?

다섯 손가락 중에서 한 손가락으로 상대방의 목을 꾹 누릅니다. 그러면 상대방이 어떤 손가락으로 눌렀는지를 맞히는 놀이입니다. 준비물도 없고 공간의 제약도 없어서 어디서든 쉽게 할 수 있습니다. 병원에서 진료를 기다릴 때나 식당에서 음식을 기다릴 때 하곤 합니다. "손가락 놀이할까?" 딸아이의 고사리 같은 작은 손가락이 목에 닿았습니다. 느낌이 참 새로웠어요. 아이의 손가락 감각과 소근육 발달에도 좋습니다. "어떤 손가락이게?" 하고 묻는 아이의 모습이 사랑스럽습니다. 아빠도 어린 시절에 우리 엄마랑 아빠랑 했던 추억의 놀이. 우리 아이와도 예쁜 추억을 만들어보세요.

★ 16가지 놀이 효과 ★

아동발달 전문가의 한마디

어떤 손가락인지 맞히려면 아이는 몸에 느껴지는 감각에 집중하게 됩니다. 또한 예전에 느꼈던 감각을 떠올리며 어떤 손가락인지 짐작해봐야 하지요. 신체 집중력과 추론 능력이 함께 향상됩니다.

"원하는 손가락으로 아빠 목을 꾹 눌러봐! 그러면 어떤 손가락으로 했는지 아빠가 맞혀볼게!"

딸아이가 손가락으로 꾹 눌렀습니다.
"어떤 손가락이게?"
"음~ 이건가, 요건가? 어렵네?"

"이 손가락?" 찍었는데 맞았습니다. 아이도 신기한지 아빠를 보며 웃습니다. 아빠도 어린 시절에 했던 추억의 놀이, 우리 아이와도 예쁜 추억을 만들어보세요.

♡
이 놀이에 달린
소셜댓글

 최○○ 장○○ 이거 어렸을 때 내가 많이 한 건데!

걷는 아이

놀이 도구

이불

놀이 상황

제대로 놀고 싶을 때

꿈틀꿈틀 물고기를 잡아라
어부 놀이

아빠가 이불 그물을 들고 아이 물고기를 잡는 놀이입니다. 여러 명의 아이들과 놀 때 하면 더욱 좋습니다. 아빠가 이불을 쫙 펼쳤습니다. "자, 아들 물고기 잡으러 가자!" 하고 외치자 아이가 소리를 지르면서 도망칩니다. 근처에 가서 잡는 척하면서 살짝 놓칩니다. 잡히지 않고 빠져나가는 순간에 아이는 스릴이 넘치나 봐요. 몇 번의 실랑이 끝에 드디어 물고기를 잡았습니다. 아이를 꼭 안아주었습니다. 아이고, 그런데 이 녀석은 바로 탈출하려고 꿈틀거리네요. 결국 탈출했습니다. "자, 다시 잡아라!"

★ 16가지 놀이 효과 ★

아동발달 전문가의 한마디
아빠를 피하기 위해서는 순발력과 민첩성이 필요하죠. 또한 놀이의 규칙을 정해야 하고 그에 따르는 것을 배우게 됩니다.

"이불 그물로 아들 물고기를 잡을 거야. 자, 물고기 잡아라!"

물고기가 어부 옆을 피해 도망다닙니다. 아슬아슬하게 피해 갈 때 스릴이 넘치나 봐요. 그러다 드디어 붙잡았습니다. "이 녀석!"

사랑하는 아들을 꼭 안았습니다. 행복해요. 그런데 품속에서 꿈틀거리더니 금방 탈출했습니다. 아니, 잡아라!

이 놀이에 달린 소셜댓글

 이○○ 오늘 아이가 가장 좋아한 놀이는 어부놀이였답니다. 놀이가 아이를 행복하게 합니다.

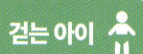

놀이 도구
―
이불

놀이 상황
―
제대로 놀고 싶을 때

아야! 왜 때려? 숨을 거야!
이불 두더지

두더지가 이불에서 나올 때, 두더지를 쳐서 잡는 놀이입니다. 치는 자와 숨는 자의 순발력 싸움입니다. 아빠가 이불을 뒤집어썼습니다. 언제 나올까? 아이가 기다리고 있습니다. 아빠 두더지가 나오자 아이가 움찔했습니다. 그러자 금세 이불 속으로 사라지고 말았습니다. 다시 한 번 두더지가 땅 위로 나왔습니다. 이번엔 제대로 기다리고 있었습니다. 이얍! 두더지를 힘껏 쳤습니다. 으악! 두더지는 다시 땅속으로 들어갔습니다. 그렇게 몇 번을 반복하고, 역할을 바꿔서도 놀이했습니다. 즐겁고 재미난 이불 두더지 놀이입니다. 참고로 푹신한 인형이나 쿠션이 아프지도 않고 괜찮았습니다.

★ 16가지 놀이 효과 ★

아동발달 전문가의 한마디
아이는 아빠의 얼굴이 나올 때 재빨리 두더지를 잡아야 합니다. 빠르게 움직이다 보면 순발력이 자라지요. 아이는 긴장과 완화를 반복하며 스트레스를 해소할 수 있습니다.

"아빠 두더지가 이불 밖으로 나오면 치는 거야!" 놀이를 설명해주자 금세 이해했습니다. "어서 나와라. 두더지야!"

아빠 두더지가 땅 위로 나왔습니다. "이얍!" 두더지를 잡으려고 아이가 힘껏 내리쳤습니다. 참고로 푹신한 인형으로 하면 아프지도 않고 좋습니다.

"아얏!" 그런데 두더지가 다시 이불 속으로 숨어버렸습니다. 그렇게 맞기도 하고 피하기도 하는 즐거운 두더지 놀이입니다.

이 놀이에 달린 소셜댓글

 김○○ ㄹㅇ 아버지 아파 보이신다… 역시 아버지의 사랑…

 윤○○ 이○○ 이선우한테 맞으면 골로 갈듯ㅋㅋㅋㅋㅋ

걷는 아이

놀이 도구
―
이불

놀이 상황
―
아빠한테
운동됨

흔들흔들! 떨어지면 안 돼!
이불 로데오

푹신한 이불 쿠션 위에 아이가 올라타고 아빠가 이리저리 흔들어주는 놀이입니다. 아이는 땅에 떨어지지 않기 위해서 로데오 쿠션에 꼭 붙어 있어야 합니다. 덮고 자는 큰 이불 속에 베개, 인형, 작은 이불 등을 아이와 함께 넣고 묶었습니다. 훌륭한 로데오 쿠션이 생겼습니다. 앞뒤 좌우로 신나게 흔들어주었습니다. 떨어질 듯 안 떨어지고 잘 버티네요. 그러다가 아빠가 꼭 잡고 누워서 파테르 자세를 취했습니다. 아이가 안 돌아가려고 힘을 꽉 주었지만 아빠가 한바탕 돌렸습니다. 다만 하고 나니까 아빠가 조금 힘드네요. 아이는 너무 좋아해요.

★ 16가지 놀이 효과 ★

아동발달 전문가의 한마디
이리저리 흔들리는 이불 위에서 아이는 균형감각을 익힙니다. 또한 중심을 잡기 위해 척추 근육의 힘도 사용하게 됩니다. 로데오 놀이를 위해 다양한 상황을 만들어가다 보면 의사소통 능력도 향상시킬 수 있습니다.

"이불 쿠션에 올라가면, 아빠가 신나게 흔들어줄게. 땅에 떨어지면 안 돼."

아빠가 열심히 흔들어주었습니다. 우와! 그런데 안 떨어지고 제법 잘 버티는데요?

으아~! 있는 힘을 다해 아이를 들어올렸습니다. 그래도 꿈쩍 않습니다. 우리 아들이 로데오에 소질이 있습니다. 나이스!

이 놀이에 달린 소셜댓글

 박○○ 로데오 하는 아들보다 아빠가 더 힘든 건 안 비밀~♥

걷는 아이

놀이 도구

필요 없음

놀이 상황

아빠가 피곤할 때

아빠 다리를 통과하라!
장애물 코스

아빠가 등을 기대고 편하게 앉습니다. 다리를 모아서 들어주면 공간이 생기는데, 이 틈으로 아이가 포복하며 통과하는 놀이입니다. 아빠의 다리는 전기가 통하는 철조망입니다. 아빠가 다리를 세워주자 아이가 슬금슬금 기어서 통과하기 시작했습니다. 그때 아빠의 다리가 내려왔습니다. 아이의 몸에 닿자 '두두두두두' 떨면서 전기 고문(?)을 시작했습니다. 아빠가 다리를 열심히 떨어주자 간지러운지 깔깔거립니다. 아이가 입으로 "아~" 소리를 내면 아빠의 다리가 떨리는 것과 동시에 목소리도 "아아아아" 떨려서 재미있어합니다. 아빠도 피곤해서 그냥 앉아서 쉬고 싶은 날이 있어요. 이럴 때 한번 이 놀이를 해보세요. 잠시나마 아빠도 쉬고 아이도 즐겁습니다.

★ 16가지 놀이 효과 ★

아동발달 전문가의 한마디

아이의 전신 근육을 사용하는 놀이입니다. 몸을 쓰는 것은 신체 발달에 도움이 되는데 특히 자세를 낮춰 움직이며 속도를 조절해야 하니 신체 조절 능력이 자라게 됩니다.

"아빠가 다리를 올렸다 내렸다 할 거야. 다리를 올렸을 때 틈 사이로 통과하는 거야. 할 수 있지? 그런데 아빠 다리가 내려오다가 몸에 닿으면 덜덜덜 떨릴지도 몰라!"

아빠가 다리를 올려주자 아이가 낮은 포복 자세로 슬금슬금 통과합니다. 그때 아빠의 다리가 내려왔습니다. 아이의 몸이 닿자 아빠의 다리가 덜덜덜 떨렸어요. "징징, 전기가 통합니다." 아이도 간지러운지 깔깔거립니다.

드디어 완전히 통과했습니다. "잘했어. 우리 열 번만 할까?" 아빠도 편하게 앉아서 할 수 있고, 아이도 즐거운 장애물 코스 놀이입니다.

이 놀이에 달린 소셜댓글

 윤○○ 우리 아이가 포복을 이렇게 잘할 줄 몰랐어요.

 걷는 아이

 놀이 도구 — 종이

 놀이 상황 — 제대로 놀고 싶을 때

날아라 날아, 내 손으로 만든 비행기!
종이비행기 날리기

아이와 함께 비행기를 접습니다. 그리고 즐겁게 날리는 놀이입니다. 2017년 가을에 서울대공원에서 '아빠랑걷쥬(zoo)'라는 오프라인 이벤트를 준비한 적이 있습니다. 그때 참여해주신 전○○ 아버님께서 아이와 함께 종이비행기를 접어서 날리는 모습을 보았습니다. 아이와 함께 다닐 때는 가방에 A4 용지를 꼭 가지고 다닌답니다. 언제든 비행기를 날리고 놀 수 있으니까요. 그 모습이 몹시 인상적이어서 그날 이후 저도 열심히 따라 하고 있습니다. 밖에서 온 가족이 함께 비행기를 힘껏 날리면 얼마나 즐거운지 모릅니다. 어린 시절에 비행기 한 번 안 접어본 분은 없으시죠? 우리 아이에게도 소중한 추억을 선물해주세요. 멋지게 날아가는 비행기처럼 우리 아이의 꿈도 멋지게 자라가기를 바랍니다.

★ 16가지 놀이 효과 ★

아동발달 전문가의 한마디
종이접기는 섬세한 활동으로, 소근육 발달에 매우 좋습니다. 비행기 하나를 온전히 내 손으로 접게 되면 아이는 성취감도 느끼죠. 접은 비행기를 힘껏 날리려면 대근육 활용이 필요합니다.

"우리 비행기 접어볼까? 옳지 잘하네!"
서툴긴 해도 아빠가 접는 것을 보면서 곧잘 따라 접습니다.

자, 다 접었습니다. 자신이 직접 만든 멋진 종이비행기! 마음껏 날려봅시다, 슝슝.

아빠랑 멀리 날리기 시합도 했습니다. 몇 번 하더니 던지는 폼이 예사롭지 않습니다. 날아가는 비행기처럼 우리 아이의 꿈도 멋지게 비상하기를 응원합니다.

이 놀이에 달린
소셜댓글

 김○○ 밖에 나갈 때 으레 종이를 가지고 다닙니다. 재밌어요.

걷는 아이

놀이 도구
종이컵

놀이 상황
제대로 놀고 싶을 때

날이면 날마다 오는 놀이가 아닙니다
종이컵 속 물건 찾기

종이컵 몇 개를 준비한 후, 그중 하나에 물건을 넣습니다. 그리고 아빠가 마구 섞습니다. 주로 간식을 줄 때 이용합니다. 좋아하는 비타민을 쏙 숨겼습니다. 그리고 열심히 종이컵을 획획 섞었어요. 아빠의 화려한 손놀림을 따라서 아이의 눈이 핑핑 돌아갑니다. 한 번씩 아이 몰래 비타민을 빼내는 장난을 치기도 해요. 그냥 얼렁뚱땅 빼내는 거죠. 사라져버린 비타민에 어리둥절하기도 하지만, 결국 우리 아이가 비타민이 담겨 있는 종이컵을 맞혔습니다. 잘했다. 맛있게 먹어!

★ 16가지 놀이 효과 ★

민첩성
친밀감 자신감
집중력 관찰력
소통능력

아동발달 전문가의 한마디

물건의 숨기기 - 찾기 놀이를 통해, 보존개념을 배웁니다. 보존개념은 덧셈 뺄셈을 이해하기 위해 꼭 필요한 지식이죠. 더불어 아빠의 표정을 보고 마음을 읽는 능력을 키울 수 있습니다.

"간식을 이 컵에 넣었지? 아빠가 휙휙 종이컵들을 섞을 거야. 어떤 컵인지 잘 맞혀 봐!"

아빠가 현란한 손놀림으로 종이컵을 섞었습니다. 아이의 눈도 정신없이 돌아갑니다. 자, 맞혀보세요! 아이가 종이컵 하나를 잡았습니다.

와우! 정답! 아이가 정확히 맞혔습니다. 집중력이 대단하네요. 잘했어, 우리 아들!

이 놀이에 달린 소셜댓글

박○○ 찾아보시지~ 아빠의 실력 좀 보여주었습니다.

놀이 도구

종이컵

놀이 상황

가만히 앉아서

여보세요? 더 크게 말씀하셔야죠
종이컵 전화

두 개의 종이컵 바닥에 실을 연결하면 훌륭한 전화기가 됩니다. 한 번쯤 해보셨을 겁니다. 아이와 함께 종이컵으로 전화기를 만들었습니다. 함께 무언가를 만드는 이 과정도 참 소중합니다. 아이의 호기심 어린 눈빛이 생생해요. 전화기가 완성되었습니다. 아이가 종이컵에 대고 이야기를 시작합니다. "아빠, 아빠!" 외치면서 종알거려요. 멀리 떨어져 있어도 소리가 잘 들리는 게 신기합니다. 이번엔 아빠 차례입니다. "아들, 사랑해! 사랑해! 잘 들려?" "네, 아빠. 나도 사랑해!" 행복한 종이컵 전화기입니다. 꼭 한번 해보세요.

★ 16가지 놀이 효과 ★

아동발달 전문가의 한마디

종이컵을 통해 아빠의 목소리가 가깝게 들립니다. 종이컵을 귀에서 떼면 다시 목소리가 작아집니다. 이 과정에서 아이는 청각적 주의집중력이 자랍니다. 또한 의사소통을 하며 다양한 상황을 만들어갈 수 있죠.

"아들! 이거 만드느라 고생했어. 전화기에 대고 이야기해볼래? 아빠가 잘 들리나 안 들리나 들어볼게."

"아빠! 아빠!" 외치면서 아이가 종알종알합니다. 아주 잘 들립니다. 실을 길게 해서 멀리 떨어져서 통화해도 재미있습니다.

이번엔 아빠가 이야기해볼게. "아들, 사랑해! 사랑해! 잘 들리니?" "네, 아빠. 잘 들려요. 나도 아빠 사랑해!" 듣기만 해도 행복한 목소리입니다.

이 놀이에 달린 소셜댓글

윤○○ 요즘 아이들 유아기부터 휴대폰을 자주 접해서 종이컵 전화기 시시해할 줄 알았는데… 웬걸~~ 완전 대박^^ 너무 재미있어하네요. 한참 깔깔 대며 신나 하네요. 그리고 엄마 모르게 비밀 대화도 ㅋㅋㅋ 넘 즐거웠어요~~

김○○ 집에 돌아다니는 컵 들고 도전!!

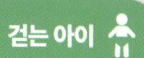
걷는 아이

놀이 도구
책

놀이 상황
제대로 놀고 싶을 때

조심조심! 책을 건너갑시다
책 징검다리

책을 연결하여 징검다리를 만들고 그 위를 걸어가는 놀이입니다. 아이가 걸음마를 시작할 때 놀이하면 좋습니다. 조금 더 큰 아이도 다양한 형태의 징검다리를 만들면서 즐겁게 놀 수 있습니다. 아이와 함께 책을 하나씩 하나씩 쌓으면서 책 징검다리를 만들었습니다. 떨어지지 않게 한 걸음 한 걸음 그 위를 걸어서 통과했습니다. 이번에는 아빠가 책 표지에 있는 사물에 대해서 퀴즈를 냈습니다. 그러면 아이가 정답을 맞히면서 해당 책으로 점프해서 건너갔습니다. 끝까지 통과! 아이가 책을 많이 읽으면서 자라길 바랍니다. 건너가느라 책을 밟기도 하고 문제를 맞히느라 관찰도 하면서, 책과 좀 더 친해질 수 있어서 좋았습니다.

★ 16가지 놀이 효과 ★

아동발달 전문가의 한마디
아이는 아직 균형감각이 미숙합니다. 또한 신체를 마음대로 조절하기도 쉽지 않죠. 좁은 책 위를 조심스레 걸으며 균형감각이 자랍니다.

"우리 책으로 징검다리를 함께 만들어 볼까? 이번에는 높게 쌓아보자!"

아이가 한 걸음씩 징검다리 위를 건너 갑니다. 책을 밟는 느낌이 새롭지요. 중간중간 책 표지에 있는 사물에 대해서 아빠가 퀴즈를 내고, 아이가 맞히기도 했습니다.

자, 통과! 밟기도 하고, 관찰도 하면서 책과 친해질 수 있는 계기가 되어서 좋았습니다. 좋은 책을 곁에 두고 많이 읽는 아이가 되기를 바랍니다.

이 놀이에 달린 소셜댓글

 김○○ 현진아, 엄마한테는 아빠랑 책 읽었다고 해~!! ㅋㅋㅋ

 김○○ 주말에는 엄마 늦잠 자라고 아이들 아침식사로 과일이랑 빵을 주는데, 징검다리 끝 부분에 바나나 하나 두고 놀이를 해봤네요. 나름 징검다리를 복잡하게 만든다고 해봤는데, 7살 4살한테는 쉬운감이 있네요ㅋ 다음에는 중간중간에 장애물 좀 놓아볼까 해요~

걷는 아이

놀이 도구

풍선

놀이 상황

에너지 발산

춘리가 발차기를 해요. 얍얍얍!
풍선 발차기

오락실 앞에 있는 축구공 발차기. 동전 넣고 한 번쯤 해보셨죠? 풍선 끝을 묶어서 걸어놓고, 마음껏 발로 차는 놀이입니다. 할 수 있으면 천장에 매달아놓아도 좋습니다. 아이가 발차기 하기 좋은 높이로 아빠가 풍선을 잡아주었습니다. 그랬더니 풍선을 신나게 발로 찼습니다. 앞차기, 옆차기, 돌려차기 다 나오네요. 스트리트 파이터에 등장하는 춘리 같았어요. 마음껏 차고 놀았더니 아이의 스트레스도 확 풀리는 것 같습니다. 역시 우리 아빠가 최고예요!

★ 16가지 놀이 효과 ★

아동발달 전문가의 한마디

눈앞에 아른거리는 풍선을 발로 차기 위해서는 눈으로 풍선을 인지해야 하고, 그 위치에 발을 차 올려야 하죠. 눈과 발의 협응력이 필요합니다. 풍선 발차기가 단순해 보여도 아이에게는 고도의 집중력이 필요한 활동이 됩니다.

"아빠가 풍선을 묶어서 잘 잡아줄게. 마음껏 차보렴!"

아빠가 풍선을 붙잡아주니 신납니다. 마음껏 발로 차고 놀아요. 앞차기, 옆차기, 돌려차기 다 나옵니다.

한바탕 놀고 나니까 스트레스가 확 풀리네요. 역시 우리 아빠가 최고입니다.

이 놀이에 달린 소셜댓글

 허○○ 아이들과 놀거리가 생겼네요 감사^^

 장○○ **박**○○ 쨍예 이거 좋아해요ㅋㅋ   **한**○○ **조**○○ 이렇게도 놀아주세요~!!!

걷는 아이

놀이 도구
풍선

놀이 상황
제대로 놀고 싶을 때

우리 집 배구 선수는 나야 나!
풍선 스파이크

아빠가 풍선을 토스하고 아이가 스파이크하는 놀이입니다. 풍선을 여러 개 불어놓고 하니까 더욱 좋았습니다. 아이들은 풍선을 부는 것도 참 재밌어해요. 아빠가 풍선을 띄워주었습니다. 그러자 손을 들어 정확하게 풍선을 때립니다. 그러다 한 번씩 풍선이 아빠 얼굴로 날아왔어요. 아빠가 "아악!" 하면서 반응해주니까 더욱 재미있어합니다. 이번엔 아빠 차례! 아이가 토스해준 풍선을 멋지게 스파이크 날렸습니다. 발차기도 보여주었지요. 그랬더니 이번엔 자기 차례라고 합니다. 그러면서 아빠가 했던 모습을 열심히 따라 합니다. 그런 아이가 예쁘고 사랑스럽습니다.

★ 16가지 놀이 효과 ★

민첩성 · 근.지구력 · 스트레스 해소 · 자신감 · 집중력 · 협동심

아동발달 전문가의 한마디
공중에 떠 있는 풍선을 손으로 힘껏 내리치려면 눈과 손의 협응력이 필요합니다. 풍선이 마음대로 가지 않기 때문에 집중력도 필요합니다.

"아빠가 풍선을 띄워줄게. 손으로 뻥! 쳐봐. 자, 토스."

아빠가 풍선을 올려주자, 아이가 풍선을 정확하게 칩니다. 이얍! 제법 잘 맞춥니다.

"으아!" 아빠에게로 날아온 풍선에 반응을 해주니 아이가 더 즐거워합니다. "아빠, 또! 또 해주세요."

이 놀이에 달린 소셜댓글

 문○○ 진짜 재밌겠는데..??

 신○○ 우왕 재미있어 보여요!! ㅎㅎ

걷는 아이

놀이 도구
—
풍선

놀이 상황
—
장난치고
싶을 때

우리 아빠가 한 방에 날아갑니다
풍선 장풍

풍선에 바람을 불어 넣은 후에 상대방에게 그 바람을 발사하는 놀이입니다. 시원한 바람이 나올 때 아이가 참 즐거워합니다. 아이가 아빠에게 풍선 장풍을 쏠 수 있도록 해주었습니다. 바람이 날아올 때 "으앗!" 하면서 뒤로 훌러덩 넘어갔습니다. 그랬더니 아이가 꺄르르 하고 좋아하네요. 풍선을 몇 번이나 불었는지 모릅니다. 요새는 자기가 불어서 아빠에게 장풍을 날려요. 별것도 아닌 풍선 놀이에 즐거워하는 아이의 모습에 아빠도 참 행복합니다.

★ 16가지 놀이 효과 ★

스트레스 해소	친밀감	민첩성
	창의력	집중력
	배려심	

아동발달 전문가의 한마디

풍선을 꼭 잡고 있다가 목표물을 향해 손을 살그머니 놓습니다. 눈과 손의 협응력과 집중력이 자라는 활동입니다. 손을 살살 놓다 보면 힘 조절 능력도 생깁니다.

"먼저 풍선을 불어보자. 후~후! 풍선 끝을 꼭 잡은 다음에 아빠에게 발사해 볼래?"

바람이 가득 모였습니다. 장풍을 날릴 생각에 벌써부터 신이 납니다.

"풍선 장풍 발사!" "으악!" 아빠가 한 방에 훌러덩 날아갔습니다. 그 모습을 보는 아이도 꺄르르 즐거워합니다.

이 놀이에 달린 소셜댓글

Gyu○○ Dae○○ 풍선 놀이 하면 진성이랑 진아가 너무 좋아할 것 같아요. ㅋㅋㅋ

걷는 아이

놀이 도구
— 필요 없음

놀이 상황
— 출퇴근 할 때

"잘했어", 하이파이브!

하이파이브 놀이

아빠가 손의 높이를 바꿔가면서 하이파이브를 하는 놀이입니다. 만나서 반갑다고 인사할 때, 잘했다고 칭찬할 때 등등 아이와 하이파이브를 자주 합니다. 처음에 하이파이브를 신나게 했습니다. 손의 높이를 살짝 올려줍니다. 그러면 아이가 아빠의 높아진 손을 마주치려고 시도합니다. 잘했습니다. 조금 더 높여줍니다. 그러면 폴짝폴짝 점프하면서 하이파이브를 해냅니다. 팔이 안 닿으면 의자에 올라가든지, 아빠의 팔을 끌어내리기도 하네요. 아주 당찹니다. 오늘 우리 아이와 한 번 해볼까요? 잘했어, 하이파이브!

★ 16가지 놀이 효과 ★

아동발달 전문가의 한마디
아이는 아빠 손의 높낮이를 따라가기 위해 신체를 조절해야 합니다. 집중력도 필요하지요. 아빠와 스킨십을 통해 친밀감이 형성됩니다. 스트레스 해소에도 좋은 놀이입니다.

"우리 아들, 잘했어. 최고야. 하이파이브!"

아빠가 손을 점점 더 높이 들어주었습니다. 아이가 아빠랑 하이파이브 하려고 준비합니다. 있는 힘껏 폴짝폴짝 뛰어요.

하이파이브! 우와, 성공했습니다. 제법 높은 줄 알았는데 생각보다 훨씬 잘하네요.

이 놀이에 달린 소셜댓글

 김○○ 손 높이만 바꿔주어도 놀이가 되네요. ㅎㅎㅎ 잘했어!

걷는 아이

영미! 올림픽의 감동 그대로
화장지 컬링

놀이 도구
화장지

놀이 상황
제대로 놀고 싶을 때

화장지를 기준선에 가깝게 보내는 사람이 이기는 놀이입니다. 평창동계올림픽에서 컬링의 인기가 대단했지요. 그때 아이와 한창 하던 놀이입니다. 바닥에 잘 뜯어지는 검은색 테이프를 붙였습니다. 그리고 아이와 각자 휴지를 하나씩 손에 들고 굴리기 시작했습니다. 기준선 근처에 보내기 위해서 힘 조절을 잘해야 합니다. 화장지가 데구루루 굴러갈 때 컬링처럼 빗자루를 이용해서 바닥을 닦는 시늉을 해도 재미있습니다. 아이고! 그런데 아빠는 그만 선을 넘어가 버렸습니다. 그러면 무조건 아웃! 이번 놀이도 우리 아이가 이겼어요.

★ 16가지 놀이 효과 ★

아동발달 전문가의 한마디
화장지를 굴려서 기준선에 맞추려면 어른에게도 집중력이 필요합니다. 아직 신체 활용이 미숙한 아이는 더 높은 집중력과 대근육을 활용하게 됩니다. 목표를 달성하게 되면 성취감도 느끼고 스트레스도 해소되지요.

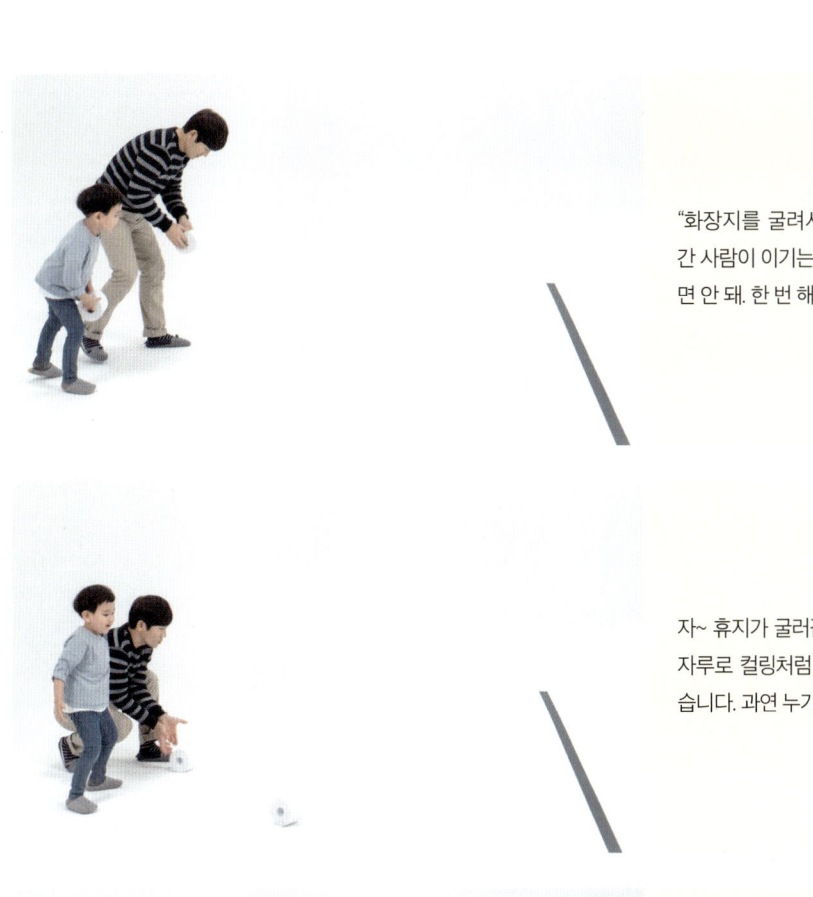

"화장지를 굴려서 검은 선에 가까이 간 사람이 이기는 거야. 하지만 넘어가면 안 돼. 한 번 해볼까?"

자~ 휴지가 굴러갑니다. 가는 동안 빗자루로 컬링처럼 앞을 닦아줘도 재밌습니다. 과연 누가 이길까요?

으앗! 아빠는 선을 넘어가 버렸습니다. 우리 아들의 승리입니다. 잘했어!

이 놀이에 달린 소셜댓글

 조○○ **표**○○ 같이 한 게임 할까요? ^^

뛰는 아이

48개월 이후, 몸을 쓰는 게 수월하고 원활하게 의사소통할 수 있는
아이와 함께 하면 좋은 놀이들입니다.
놀이를 통해 규칙에 대한 개념과 양보, 인내, 섬세한 신체 조절을 배울 수 있습니다.
즐겁게 놀면서 건강하게 성장할 수 있도록 이끌어주시기 바랍니다.

뛰는 아이 🏃

놀이 도구
— 과자

놀이 상황
— 장난치고 싶을 때

냠냠, 잘 던져 주세요

과자 던져서 먹기

손으로 던져서 입으로 과자를 받아먹는 고난도 놀이입니다. 아빠 엄마와 함께 놀이하니 재밌고, 맛있는 간식도 먹으니 즐거운데요. 문제는 생각보다 쉽지 않습니다. 아빠는 몇 번 해보니 금방 성공했는데, 아이는 아직이네요. 맛있게 먹는 아빠를 보면서 던졌다 떨어진 과자를 냠냠 하기도 해요. 그런 모습도 귀엽고 사랑스럽습니다. 던지고 또 던집니다. 아이고~ 아직 힘들어 보이네요. 손으로 던지는 시늉을 하며 과자를 입으로 가져갑니다. 잘했어. 머지않아 할 수 있다. 파이팅!

★ **16가지 놀이 효과** ★

아동발달 전문가의 한마디

아빠에게 과자를 던지며 아이가 힘 조절을 연습할 수 있는 눈/손 협응 놀이입니다. 아빠와의 협동놀이를 통해 성취감을 느낄 수도 있답니다. 폭신한 느낌의 과자를 준비하여 안전하게 놀이를 하는 것이 좋을 것 같네요.

맛있는 귤(간식)로 던져서 먹기 놀이 합니다. 아빠가 성공할 수 있을까요?

가볍게 성공! 아이가 신기한지 웃습니다. 본인도 열심히 해요.

이번엔 같이 해볼까요? 하나 둘 셋~ 호흡을 맞춰서 잘 던져 주세요, 냠냠 냠!

 이 놀이에 달린 소셜댓글   조〇〇 먹고 또 먹고 아빠의 쇼에 아이가 즐거워합니다. 너도 할 수 있어! 파이팅~

뛰는 아이 🏃

놀이 도구
필요 없음

놀이 상황
가만히 있을 때

우리 집 언어박사는 누구?
끝말잇기

끝말을 이어가는 놀이입니다. 말을 제법 잘하는 아이들과 하면 아주 재미있습니다. 저는 일곱 살 첫째 딸과 자주 합니다. 아직 규칙이 헷갈리는지 단어의 첫 글자를 이어서 말하기도 하지만, 굳이 잘못을 따지지 않고 아이의 수준에 맞춰서 재미있게 합니다. 딸이 본인의 이름을 말하며 놀이를 시작합니다. "조윤진" → "진라면" 했더니, "며느리?"라고 합니다. 함께 있던 엄마랑 같이 크게 웃었답니다. 한참 옹알옹알하면서 겨우 "엄마 아빠" 말할 때가 엊그제 같은데 어느새 이렇게 커서 끝말잇기도 같이 합니다. 신기하고 대견할 따름입니다. 잘 자라줘서 고마워!

★ 16가지 놀이 효과 ★

아동발달 전문가의 한마디
특정 규칙이 있는 놀이는 인지 발달에 긍정적인 영향을 줍니다. 끝말잇기는 아이의 언어 발달, 한글 학습에도 도움이 됩니다.

"시온아, 서로의 말 끝을 이어서 말을 연결하는 놀이야! 해보지 않을래? 아빠가 먼저 시작할게."

우리 아들 이름으로, "시온아"
"음… 아~빠~~랑?"

"랑~랑랑랑" 할 말이 없네. 우리 아들이 이겼다. 왜 이렇게 잘해!

이 놀이에 달린 소셜댓글

박○○ 생각지도 못한 언어 박사님이 있었어요. 잘하는데요!?

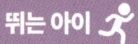
뛰는 아이

놀이 도구
―
줄

놀이 상황
―
에너지 발산

우리 아이가 높이뛰기 선수였네요!
높이뛰기

부모가 양쪽에서 줄을 잡고 아이가 이것을 뛰어넘는 놀이입니다. 성공할수록 줄을 점점 높여가면서 도전합니다. 보통 처음 시작할 때는 낮은 높이로 시작하는 게 좋습니다. 쉽게 뛰어넘어야 놀이에 흥미가 생기기 때문이죠. 어느새 아빠의 무릎 높이까지도 아주 멋지게 성공했습니다. 언니가 뛰어넘는 모습을 보자 동생도 도전합니다. 의지만큼은 높이뛰기 금메달 선수입니다. 차례차례 줄 서서 언니 한 번, 동생 한 번 즐겁게 높이뛰기를 했습니다. 서로 배려하면서 즐겁게 도전하는 아이들의 모습이 참 대견합니다.

★ 16가지 놀이 효과 ★

아동발달 전문가의 한마디
온 가족이 협동 놀이를 하며 성취감이 배가됩니다. 뛰어오르는 활동은 아이의 대근육과 균형감각, 순발력을 활용해야 하는 통합 활동이기도 하죠. 신체를 섬세하게 조절해야 하기에, 자기 효능감 발달에도 도움이 됩니다.

"아빠랑 엄마가 줄을 잡아줄게. 점프해서 넘어볼까?"

으얍! 아이가 온 힘을 다해 줄을 뛰어넘었습니다. 자세가 아주 멋지군요!

제법 높은 높이임에도 불구하고 폴짝폴짝 잘 뛰어넘습니다. 어느새 이렇게 많이 컸군요. 대견합니다. 잘했어, 우리 딸!

이 놀이에 달린 소셜댓글

조○○ 이 녀석! 줄이 아니라 아빠를 뛰어넘어버리네요. ㅋㅋㅋ ^^

뛰는 아이

놀이 도구
—
필요 없음

놀이 상황
—
가만히 있을 때

눈을 보고 내게 말해요
눈싸움

눈을 먼저 깜빡이는 사람이 지는 놀이입니다. 병원 대기실이나 식당에서 시간을 보내야 할 때 하기 좋은 놀이입니다. 아이가 생각보다 눈을 빨리 깜빡거리길래 아빠가 수를 내었습니다. 눈을 부릅뜨고 이기려는 척하면서, 아이보다 먼저 눈을 감아버린 것입니다. 이런 아빠의 속마음을 아는지 모르는지 아이는 즐거워합니다. 놀이를 핑계 삼아, 아내와도 함께 해보세요. 그간 바쁘다는 핑계로 따뜻한 눈길 한 번 보내주지 못했습니다. 많이 미안하네요. 아내의 눈을 바라보니 새삼 아름답고 사랑스럽습니다.

★ 16가지 놀이 효과 ★

아동발달 전문가의 한마디
이 놀이를 하다 보면 언어가 아닌 눈으로 의사 표현을 하게 됩니다. 아빠와 친밀감이 향상되죠. 눈을 떼지 않으려다 보면 집중력도 필요합니다.

"서로 마주볼까? 눈을 부릅뜨고 버티는 놀이야. 눈을 먼저 깜빡거리는 사람이 지는 거다!"

시작과 함께 온갖 표정과 오버액션으로 아이를 공격했습니다. 우와! 그런데 제법 버티는데요?

결국, 아빠가 먼저 질끈 눈을 감아버렸습니다. 가만히 보니 우리 아들 잘생겼네.

이 놀이에 달린
소셜댓글

 한○○ 눈싸움에 약한데. 져주는 게 아니라 진짜로. ㅋㅋ

뛸는 아이 🏃

놀이 도구

필요 없음

놀이 상황

제대로 놀고 싶을 때

넘어질 듯 안 넘어져요!

닭싸움

닭싸움 한 번씩 해보셨죠? 한 발로 중심 잡고 상대방을 넘어트리는 놀이입니다. 쿵쿵쿵 돌아다니는 것은 물론 서 있기만 해도 힘든데요, 7살 아들이 제법 열심히 합니다. 한 발로 콩콩 달려와 아빠에게 부딪혀요. 금세 넘어질 것 같은데, 다칠세라 아빠도 함께 부딪혀 먼저 넘어졌습니다. 스스로 대견스러운지 아빠를 쓰러트리고 흐뭇해하네요. 몸의 균형 잡기와 신체 발달은 물론 고도의 전략이 필요합니다! 혹시 엄마도 가능하면 함께 해보세요. 더욱 재미있습니다. 누가 누가 오래 살아남을까요? 온 가족 닭싸움 놀이. 다치지 않고 즐겁게 해보세요.

★ 16가지 놀이 효과 ★

균형감각 / 민첩성 / 근 지구력
자신감
집중력
배려심

아동발달 전문가의 한마디

균형감각을 키움과 동시에 긍정적인 경쟁 관계를 배울 수 있는 놀이입니다. 넘어진 사람에게 먼저 배려의 손길을 내밀고, 이긴 사람에게 축하의 말을 건네는 등 아이가 긍정적인 경쟁 관계를 경험하도록 해주세요.

"자! 우리 닭싸움 한번 할까?"
준비~ 시작!

한 발로 균형을 잡고 아빠를 향해 돌진해요. 금방이라도 넘어질 것 같은데, 잘 버티며 달려옵니다.

아이고~ 꽈당. 아빠가 쓰러졌네요. 재밌는 상황에 둘 다 웃음이 나요. 잘했다, 아들!

이 놀이에 달린
소셜댓글

 조○○ 아이가 언제 이렇게 컸나 싶어요. 제법 중심도 잡고, 요리조리 피하기도 하네요. 덤벼라!

뛰는 아이 🏃

놀이 도구
―
동전

놀이 상황
―
제대로 놀고
싶을 때

10점 만점! 정확하게 들어갔습니다
동전 과녁 맞히기

동전을 과녁에 던져서 더 많은 점수를 얻는 사람이 승리하는 놀이입니다. 먼저 아이와 함께 과녁을 만들었습니다. 놀이를 위해 준비하는 과정도 즐겁지요. 스케치북에 작은 동그라미와 큰 동그라미 몇 개를 쓱쓱 그렸습니다. 각각 10점, 5점, 1점으로 정했어요. 아이가 동전을 던졌습니다. 아쉽게도 1점입니다. 당연히 아빠가 이길 줄 알았는데, 그만 동전이 밖으로 나가버렸습니다. 동전을 과녁 안에 넣지 못하면 0점! 1점을 받은 아이의 승리입니다. 그렇게 여러 번 시도했습니다. 1점이 나오다가 5점도 나오고, 드디어 10점도 나오네요! 훌륭합니다.

★ 16가지 놀이 효과 ★

아동발달 전문가의 한마디
작은 동전을 과녁에 맞히기 위해 시각적 주의 집중력이 필요합니다. 눈으로 본 것을 행동으로 옮기려다 보면 눈과 손의 협응력이 자랍니다. 목표가 있는 놀이는 성취감을 느낄 수 있지요.

"오? 잘 그렸는데?" 아이가 스케치북에 과녁을 스스로 그렸습니다. 조금 삐뚤삐뚤해도 놀이하기엔 그만입니다.

"자, 동전을 던져서 저 과녁 위에 집어넣는 거야. 작은 원부터 10점, 5점, 1점! 한번 해볼까?"

아이가 동전을 던졌습니다. 앗! 그런데 1점이 나왔습니다. "괜찮아! 다시 해보자." 그렇게 반복해서 5점도 나오고, 드디어 10점도 나왔습니다. 아빠랑 함께 점수 내기 시합을 했더니 더욱 스릴 있고 재미있습니다.

이 놀이에 달린
소셜댓글   강○○ 우리 아들 왜 이렇게 잘하지? 타고났나 봐요.

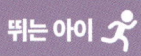
뛰는 아이

놀이 도구
동전

놀이 상황
제대로 놀고 싶을 때

슈퍼캐치! 역시 우리 아빠예요
동전 받기

한 사람은 동전을 던지고, 다른 사람은 동전을 받는 놀이입니다. 동전이 조그마해서 던지고 받는 재미가 있습니다. 받을 때 맨손으로 해도 되고, 주변에 있는 컵 등을 이용해도 좋습니다. 아이가 동전을 던졌습니다. 조그만 동전을 던지는 게 익숙하지가 않은지 제멋대로 날아가요. 그런데 아빠는 한 번씩 이것을 잡아냅니다. 역시 대단한 아빠예요. 슈퍼캐치! 자연스럽게 하이파이브가 나옵니다. 반대로 아빠가 던지고 아이가 받는 상황에서도 마찬가지입니다. 조그만 동전을 받아내는 아이가 참 대견하네요.

★ 16가지 놀이 효과 ★

아동발달 전문가의 한마디
작은 동전을 통에 던지려면 신체의 섬세한 조절이 필요합니다. 컵 안에 동전을 넣으면, 자신감과 성취감을 느낄 수 있습니다.

"아빠에게 동전을 던져볼래? 그러면 아빠가 이 컵으로 받아볼게!"

아이가 동전을 던졌습니다만, 제멋대로 날아가 버리는군요. 와우! 그런데 아빠는 이것을 잡아냅니다.

나이스! 슈퍼캐치! 역시 우리 아빠는 최고예요. 하이파이브가 저절로 나옵니다.

이 놀이에 달린
소셜댓글

 신○○ 동전 던지기가 아니고 동전 담기가 되었네요 ㅎㅎ

 한○○ 동전 맞았어요ㅜㅜ

뛰는 아이

이야! 신기해요
동전 본뜨기

놀이 도구
동전

놀이 상황
제대로 놀고 싶을 때

종이 아래에 동전을 두고 탁본 뜨는 놀이입니다. 색연필이나 크레파스로 쓱쓱 칠하면 동전 모양이 나타나요. 신기합니다. 6살 아들과 함께 했습니다. 100원짜리 동전을 놓고 칠하니 숫자 100도 나오고 뒤집으면 이순신 장군님도 나와요. 500원, 50원, 10원 종류별로 가능합니다. 집에 오는 길에 나뭇잎 몇 개를 주워서 해보니 제법 그럴듯하게 본이 떠집니다. 집 안에 있는 물건들 이것저것 가져와서 시도해 보네요. 호기심 어린 모습으로 조심조심 칠하는 아이의 모습이 대견합니다. 신나는 탁본 놀이! 재밌게 해보세요.

★ 16가지 놀이 효과 ★

친밀감 자신감
창의력 집중력 관찰력
소통능력

아동발달 전문가의 한마디
공동의 목표를 가지고 활동을 하게 되면 성취감과 공동체의 감정을 느끼며 협동심과 함께 배려심도 키울 수 있습니다. 주변의 자연물이나 생활 속 물건들의 본뜨기를 하면 아이와 일상 이야기를 확장하는 데에도 도움이 될 겁니다.

"종이 아래에 동전을 두고 본뜨는 놀이야. 색연필로 칠해볼까?"

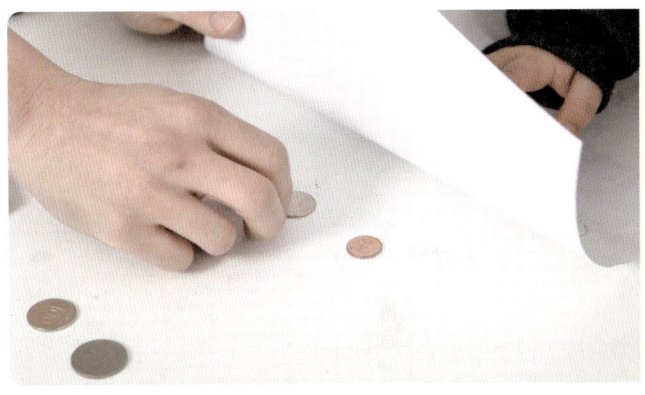

10원, 50원 동전으로 아이와 함께 색칠했습니다. 100원, 500원 종류별로 같이 했어요.

쓱쓱 칠하니 종이 위에 동전이 나타났네요. 신기합니다! 재밌게 해보세요.

이 놀이에 달린 소셜댓글

조○○ 떨어진 나뭇잎, 꽃잎으로도 잘 되네요. 예쁩니다.

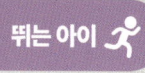

놀이 도구

동전

놀이 상황

제대로 놀고 싶을 때

아빠 발과 아이 손으로 하는 캐치볼, 아니 캐치 동전

동전 제기차기

아빠가 발등 위에 동전을 올려놓습니다. 아이에게 발로 동전을 보내면 이것을 잡는 놀이입니다. "아들! 아빠가 동전을 보낼 테니까 한번 받아봐." 발로 차 올렸습니다. 아이가 손으로 척 받았습니다. 생각보다 잘 받았습니다. 그래서 난이도를 조금 높였습니다. 오른쪽, 왼쪽, 높게, 낮게. 구석구석으로 보냈지요. 그러자 동전을 받기도 하고 놓치기도 했습니다. 역할을 바꿔서도 해봤습니다. 아이가 아직 발로 동전을 차는 게 서툴렀습니다. 하지만 곧잘 찹니다. 그런데 아빠는 이것을 놓치지 않습니다. 몹시 어려운 것도 잡아내는 아빠에게, 아이가 "우와! 아빠 최고!"라고 이야기해주었습니다. 그럼! 아빠 최고지!

★ 16가지 놀이 효과 ★

아동발달 전문가의 한마디
아빠와 손발이 맞아야 즐겁게 할 수 있는 놀이입니다. 놀이를 통해 협동심을 배우고, 규칙의 중요성을 깨닫습니다. 성공했을 때는 자신감과 만족감을 느낄 수 있지요.

"아빠가 발등 위에 있는 이 동전을 아들에게 힘껏 올려줄 거야. 잘 잡아봐. 알았지?"

아빠가 슝! 동전을 발로 차 올렸습니다. 그러자 아이가 손으로 척 받았습니다. 한 번에 척 잘 잡아서 난이도를 높였습니다. 다양한 코스로 동전을 보냈습니다.

오른쪽 왼쪽, 구석구석 보내도 제법 잘 받아냅니다. 대단해 아들! 잘했어. 언제 이렇게 컸는지 기특합니다. 최고야!

이 놀이에 달린 소셜댓글

 장○○ 아이가 아니라 아빠가 놀고 있네요 ㅋ

뛰는 아이

놀이 도구

동전

놀이 상황

제대로 놀고 싶을 때

연습 또 연습! 동전을 돌려라
동전 팽이

동전을 손가락으로 툭 쳐서 팽이처럼 돌리는 놀이입니다. 아빠도 어린 시절에 아빠랑 앉아서 동전 팽이를 하던 기억이 납니다. 아빠가 동전을 돌리는 시범을 보여주었습니다. 그 모습이 너무 신기한가 봐요. 아이도 해보려고 갖은 시도를 합니다. 그런데 생각보다 쉽지 않네요. 그래서 연습, 또 연습! 아빠가 옆에서 잘할 수 있도록 계속 격려하고 있습니다. 연습 중인데 아직 저희 아이는 동전 팽이를 못 돌립니다. 하지만 언젠가는 뱅글뱅글 돌아가겠죠? 열심히 노력하는 우리 아이를 많이 응원해줍시다. 잘하고 있어, 파이팅!

★ 16가지 놀이 효과 ★

아동발달 전문가의 한마디
동전을 뱅글뱅글 돌리려면 무조건 강하게 쳐서는 안 되죠. 손가락으로 톡 치는 연습을 하다 보면 소근육 발달에 도움이 됩니다. '아, 무조건 세게 친다고 좋은 건 아니구나.' 놀이 과정에서 인지 발달도 이뤄집니다.

"동전을 손가락으로 툭 쳐서 뱅글뱅글 돌리는 거야. 자, 잘 봐!"

아빠의 시범을 보더니 아들이 열심히 따라 합니다. 한참을 연습하더니, 동전이 그럴듯하게 돌아갑니다. 우와!

나이스! 아들, 대단해! 열심히 노력한 우리 아이를 많이 칭찬해주세요.

이 놀이에 달린 소셜댓글

 강○○ 드디어 돌아갑니다! ㅎㅎㅎ 할 때까지 해보자.

뛰는 아이

놀이 도구
―
필요 없음

놀이 상황
―
가만히
있을 때

등이 간질간질하고 웃음이 나와요
등에 글씨 쓰기

한 명이 상대의 등에 글씨를 쓰면 상대방은 뭐라고 썼는지 맞히는 놀이입니다. 공간의 제약 없이 손쉽게 할 수 있습니다. 병원에서 진료를 기다릴 때와 같이 막간을 이용해서 자주 합니다. 저희 아이들은 아직 글씨를 모르지만, 이 놀이를 참 좋아합니다. 아이들의 이름을 써주기도 하고, 숫자를 쓰기도 하고, '사랑해'라고 쓰기도 합니다. 뭐라고 썼는지 서로 이야기를 나누면서 아이의 이름도 말하고 사랑한다고 이야기도 해줍니다. 글씨를 쓸 때 등이 간지러운지 키득거리면서도 아이는 참 좋아합니다. 행복한 놀이예요!

★ 16가지 놀이 효과 ★

아동발달 전문가의 한마디
스킨십만큼 친밀감을 쌓는 방법은 없을 겁니다. 이 놀이를 통해 아이와 아빠의 애착 관계가 더 좋아집니다. 감각 자극은 인지 발달에 도움이 됩니다.

"등에다 손가락으로 글씨를 써볼게. 뭐라고 썼는지 맞혀볼래?"

아빠가 '사랑해'라고 적었습니다. 간지러운지 몸을 움직이면서 키득거려요. "뭐라고 썼게?"

"사랑해!" 정답, 맞혔습니다. 사랑해. 진심으로!

이 놀이에 달린 소셜댓글

 조○○ 간질간질 웃음이 끊이질 않습니다. 손바닥에 해도 재미있어요.

뛰는 아이 🏃

놀이 도구

줄

놀이 상황

제대로 놀고 싶을 때

너의 유연성의 끝은 어디인 거니?

림보

막대기를 걸쳐놓고 몸을 뒤로 젖혀서 통과하는 놀이입니다. 줄 하나만 있으면 집에서도 할 수 있습니다. 아빠랑 엄마가 양쪽에서 줄을 잡아주었습니다. 처음 시작하는 높이는 아주 쉽지요. 그런데 점점 줄이 낮아집니다. 아빠의 허리 부근에 줄이 오니까 조금씩 힘들어하기 시작했습니다. "웃차웃차!" 안간힘을 쓰며 통과하려고 애씁니다. 그러다 꽈당! 넘어졌습니다. 그 순간 아빠도 엄마도 아이도 모두 다 웃고 말았습니다. 자, 다시 한 번 해볼까?

★ 16가지 놀이 효과 ★

아동발달 전문가의 한마디

처음에는 잘 되지 않더라도 아이는 자기 몸을 조금씩 조절하는 법을 터득합니다. 신체 움직임 조절을 통해 통제력과 자기조절력을 기를 수 있는 놀이입니다. 작은 성취감을 계속해서 느낄 수도 있어요.

"줄 보이지? 줄 아래로 몸을 뒤로 젖혀서 통과하는 놀이야. 성공하면 줄을 조금씩 낮춰줄게!"

아이의 유연성이 생각보다 좋습니다. 처음 몇 단계는 가뿐히 통과했어요. 아빠의 허리쯤 되니까 조금 힘들어하네요.

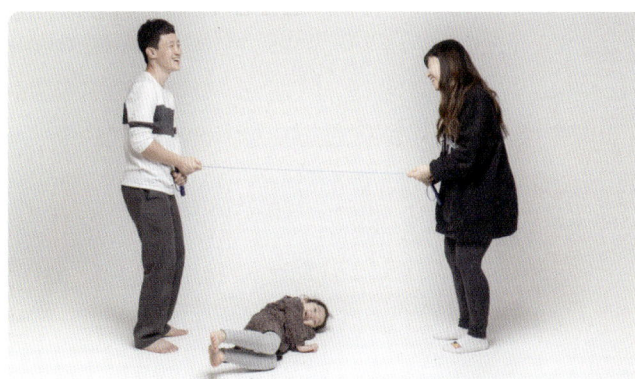

웃차웃차! 통과하려고 열심히 애를 쓰다가, 그만 꽈당! 넘어졌습니다. 아이도 엄마 아빠도 즐겁게 웃었습니다. 잘했어. 다시 해볼까?

이 놀이에 달린 소셜댓글

- 이○○ 아이들이 너무 재밌어해요^^ 좋은 아이디어 감사합니다
- 이○○ 주변에 있는 사람들이 림보 노래(Limbo Rock)를 부르면서 박수를 쳐주면 더 신이 납니다!
- 나○○ 명○○ 간단한 놀이가 참 많네

뛰는 아이

놀이 도구

필요 없음

놀이 상황

제대로 놀고 싶을 때

발바닥으로 힘껏 밀어봅시다
발바닥 씨름

발바닥을 맞대고 상대방을 밀어내는 놀이입니다. 아이랑 함께 집에 있는데, 무료할 때가 있습니다. 이럴 때 발바닥 씨름과 같은 가벼운 신체 놀이들을 시도합니다. 발바닥을 들고 아이를 살살 도발했습니다. "덤벼!" 아이는 놀이를 웬만해선 사양하지 않아요. 자기도 두 발을 들고 씨름을 시작합니다. 아빠가 한 번에 이길 수 있지만, 갖은 오버액션을 곁들여서 아이와 힘겨루기를 합니다. 그러다가 아이가 발에 힘을 주어 밀었을 때, 뒤로 훌러덩 넘어갔습니다. 깔깔거리며 좋아해요. 자기 재미있으라고 봐준 것도 모르나 봅니다.

★ 16가지 놀이 효과 ★

아동발달 전문가의 한마디
양발을 공중에 들고 몸의 중심을 잘 잡아야 해서 코어 근육 발달에 도움이 되는 놀이입니다. 너무 세게 밀기만 해도 질 수 있지요. 아이는 전신 근육을 섬세하게 조절하는 방법을 배우게 됩니다.

"발바닥을 맞대고 서로 힘껏 밀어서 넘어뜨리는 놀이야."

팽팽한 힘겨루기가 시작되었습니다. 으얍! 아빠의 할리우드 액션은 놀이를 더 재미있게 하는 데 필수예요.

어이쿠! 결국 아빠가 뒤로 훌러덩 넘어갔습니다. 우리 아들이 아주 잘합니다. 나이스!

이 놀이에 달린 소셜댓글

 최○○　이거 자주 합니다.
　　　　주로 아이가 이기지만요. ^^

뛰는 아이

놀이 도구
베개

놀이 상황
에너지 발산

우리 집에는 격파왕이 삽니다
베개 격파

아빠가 붙잡아주는 베개를 마음껏 치는 놀이입니다. 보기만 해도 멋지고 시원한 격파! 우리 아이도 충분히 할 수 있지요. 아이가 실컷 치고 놀 수 있도록 푹신한 베개를 단단히 잡아주었습니다. "격파할까?" 물었더니 신나게 달려들어요. 주먹으로도 치고, 발로도 차고, 몸으로도 덤벼듭니다. "으아! 너무 세! 나이스!"와 같이 아빠가 반응해주니까 아이가 더 신이 나나 봅니다. 한바탕 베개를 두들겨 패고 나니까 아이의 표정이 밝아졌습니다. 스트레스가 확 풀렸나 봐요. 이런 아이를 보니 아빠도 덩달아 시원해집니다.

★ 16가지 놀이 효과 ★

아동발달 전문가의 한마디
아이도 살아가며 나름 스트레스를 받습니다. 하지만 자기가 스트레스를 받고 있는지 잘 알아차리지 못하죠. 베개 격파를 하며 그동안 쌓인 스트레스를 해소시켜주세요. 표적에 잘 뛰어들기 위해 아이는 힘을 조절하는 법도 배우게 됩니다.

"베개를 마음껏 치는 놀이야. 한번 해 볼까?"

말이 끝나자마자 달려듭니다. 주먹으로도 치고, 발로도 차고!

몸으로도 달려듭니다. 한바탕 놀고 나니까 스트레스가 확 풀리나 봐요. 표정이 한껏 밝아졌습니다.

이 놀이에 달린 소셜댓글

 안○○ 조○○ 우리 시우 베개 작살낼 듯

 배○○ 김○○ 이거면 담이 에너지 풀 수 있을까?

 성○○ 아빠 없을 때 동생 격파할까 봐 패스

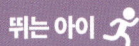 뛰는 아이

놀이 도구

베개

놀이 상황

제대로 놀고 싶을 때

사뿐사뿐 균형을 잡으며 걸어갑니다
베개 옮기기

머리에 베개를 입니다. 균형을 잡으면서 베개를 옮기는 놀이입니다. 넓은 베개나 쿠션을 이용하시면 좋습니다. 아빠가 먼저 시범을 보여주었습니다. 머리에 베개를 얹고 사뿐 사뿐히 정해진 곳에 도착했습니다. 그러자 딸이 자기도 해보겠다고 합니다. 아이 머리에 베개를 올렸습니다. 한 걸음 한 걸음씩 걷기 시작했습니다. 아이고! 그런데 베개가 계속 떨어졌습니다. 속상한지 몇 번을 다시 시도합니다. 아빠가 옆에서 잡아주려고 했는데, 혼자 하겠다고 합니다. 그렇게 여러 차례 시도한 끝에 요령을 터득했습니다. 조심조심 걸어서 결국 머리로 베개 옮기기를 성공했습니다. 우리 딸이 이렇게 집중력이 좋은 줄 몰랐습니다. 장하다!

★ 16가지 놀이 효과 ★

아동발달 전문가의 한마디

도구를 이용해 균형감각을 키울 수 있는 놀이입니다. 결승 지점을 정하고 시합을 해보세요. 아이에게 바른 경쟁과 규칙을 가르치는 기회가 됩니다.

"머리에 베개를 얹었지? 잘했어. 이제 저쪽까지 가보는 거야. 파이팅!"

균형을 잡으면서 한 걸음씩 걸어갔습니다. 그런데 아직 어려운가 봅니다. 베개가 계속 떨어졌어요. 그래서 아빠가 베개를 살짝 잡아주었습니다.

"우와 우리 딸 진짜 잘하네!" 머리로 베개 옮기기 성공! 몇 번 실패하고 나서인지 기분이 정말 좋았습니다.

이 놀이에 달린 소셜댓글

 신○○ 제 몸만 한 베개를 들고 가요. 떨어져도 재밌어해요.

뛰는 아이

놀이 도구

페트병

놀이 상황

제대로 놀고
싶을 때

힘, 방향, 모든 것이 중요합니다

병뚜껑 알까기

병뚜껑을 쳐서 상대방의 병뚜껑을 밖으로 내보내는 놀이입니다. 페트병 뚜껑을 이용했더니 크기도 적당하고 잘 날아갑니다. 일곱 살 아이와 했습니다. 아직은 힘 조절이나 방향 설정이 마음먹은 대로 안 됩니다. 자기 뚜껑이 책상 밖으로 나가고, 목표에까지 못 미치는 경우도 많습니다. 그런데 아빠의 상황도 비슷합니다. 이렇게 어려울 줄은 몰랐네요. 아빠의 따뜻한 배려가 더해져서 이제 한 개씩 남은 상황. 마지막 공격은 아이 차례입니다. 퍽! 힘껏 날렸습니다. 정확하게 맞았습니다. 그런데 뚜껑은 두 개 다 밖으로 나갔어요. 그러면 무승부지요? 그래도 아빠는 흐뭇합니다. 정확히 맞춘 게 대견하거든요.

★ 16가지 놀이 효과 ★

아동발달 전문가의 한마디

손가락을 튕겼을 뿐인데 병뚜껑이 빠른 속도로 날아갑니다. 비록 목표물을 맞히긴 쉽지 않지만 원하는 방향으로 병뚜껑을 보내는 것만으로도 성취감이 자극되지요. 소근육 활동은 뇌 발달에 좋습니다.

"병뚜껑을 손가락으로 치는 거야. 아빠 거를 맞혀서 테이블 밖으로 보내면 된단다! 해볼까?"

아이가 아빠의 뚜껑을 조준합니다. 집중력이 정말 대단합니다. 퍽! 쳤습니다.

와, 맞았습니다. 둘 다 날아갔어요. 결과는 무승부입니다. 하지만 아이의 집중하는 모습과 정확히 맞히고 기뻐하는 모습이 그저 대견합니다. 잘했어!

이 놀이에 달린
소셜댓글

 박○○ 할 만한데요!? 아들, 덤벼!

뛰는 아이

놀이 도구

필요 없음

놀이 상황

제대로 놀고 싶을 때

어디에 무엇이 숨어 있을까요?
보물찾기

보물찾기! 아빠도 어릴 때 참 많이 했습니다. 아이들이 좋아하는 물건을 숨긴다면 더욱 좋겠지요. 보물을 찾을 때 아이의 설렘과 호기심 가득한 모습이 참 귀엽습니다. 간식을 줄 때 자주 이용합니다. "자, 우리 집에 보물이 있습니다. 찾아보세요."라고 이야기하면 아이들이 후다닥 달려듭니다. 아이가 쉽게 찾을 수 있는 곳에 몇 개 숨깁니다. 금세 찾아낸 아이는 즐겁게 간식을 먹습니다. 조금 어려운 곳에도 한두 개 숨겨놓아요. 적절하게 힌트를 주면서 함께 보물을 찾습니다. 그런데 사실, 아빠의 보물은 따로 있습니다. 바로 너! 우리 아이지요.

★ 16가지 놀이 효과 ★

아동발달 전문가의 한마디
공간 지각력과 문제 해결력을 함께 길러주는 놀이입니다. 보물찾기가 능숙해졌다면 보물을 숨겨둔 위치를 표시한 보물 지도를 아이에게 주세요. 보물을 찾기 위해 아이는 그림과 공간의 연결성을 찾아야 하죠. 그림의 상징성을 이해할 수 있는 기회도 됩니다.

"아빠가 곳곳에 간식을 숨겨놨어. 궁금하지? 한번 찾아보자!"

아빠의 말에 아이가 보물을 찾기 시작합니다. 어! 여기 무언가 냄새가 납니다. 보물을 발견했나 봐요.

찾았다! 맛있는 간식이 양손에 가득합니다. 재미있고 설렘 가득한 보물찾기 놀이입니다.

이 놀이에 달린 소셜댓글

이○○ 이○○ 헐 ㅋㅋㅋ 난 앞서나가는 아빠구먼 ㅋㅋㅋ

이○○ 잘하고 있네 그래 ㅋ 몸으로도 좀 놀아주길… ㅋㅋ

뛰는 아이

놀이 도구
필요 없음

놀이 상황
에너지 발산

우리 아이는 천하장사
손바닥 씨름

손바닥을 마주 대고 서로 밀어내는 놀이입니다. 상대방의 손바닥을 공격하거나 혹은 피하면서 균형을 잃도록 하는 작전도 좋습니다. 첫째 아이가 여섯 살 때 물놀이를 하러 갔습니다. 수심이 얕은 안전한 장소에서 아빠가 무릎을 꿇고 손바닥 씨름을 했습니다. 아이가 힘을 모아 밀 때마다 아빠가 멋지게 뒤로 날아가서 첨벙 빠졌습니다. 그때마다 아이는 숨이 넘어가라 웃습니다. 그러다가 한번은 제가 힘껏 아이를 밀었습니다. 이번엔 아이가 멀리 날아갔어요. 놀라긴 했지만 "아빠~" 하면서 물을 뿌리는 우리 딸이 너무나 사랑스러웠습니다. 아빠와 씨름하는 시간 만큼은 우리 아이가 천하장사입니다.

★ 16가지 놀이 효과 ★

아동발달 전문가의 한마디
마주 보고 서로의 손바닥을 맞대며 놀이하는 동안 친밀감이 쌓입니다. 손바닥 씨름의 경우 상대에 따라 힘 조절이 필요하죠. 즐거운 놀이 속에서도 배려가 필요하다는 것을 배웁니다.

"손바닥으로 서로를 힘껏 미는 거야. 알겠지? 시작!"

아이가 손바닥에 힘을 줍니다. 아빠가 적절한 액션으로 반응하면서 아슬아슬 밀고 당기기를 합니다.

으앗! 결국 우리 딸의 승리입니다. 힘껏 밀 때마다 아빠가 뒤로 벌러덩 넘어지는 게 재미있나 봐요. 아빠도 네가 웃는 걸 보면 재미있어!

이 놀이에 달린 소셜댓글

- 김〇〇 ㅋㅋㅋㅋㅋ 저희 집은 첫째랑 둘째가 하는데 여동생이 오빠를 이겨요…ㅋ
- 김〇〇 아빠의 승부욕으로 아이를 울리면 아니 됩니다~

뛰는 아이

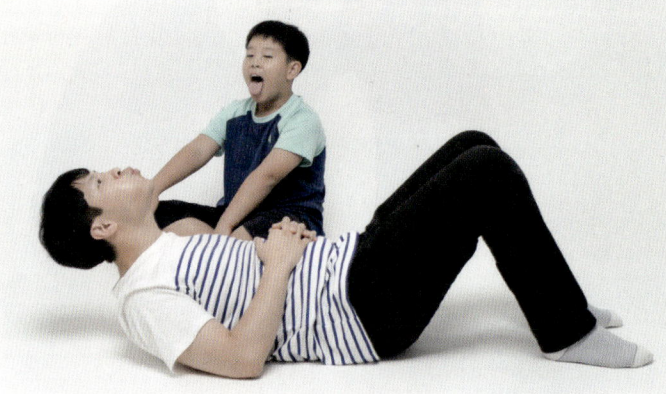

놀이 도구

손수건

놀이 상황

제대로 놀고 싶을 때

힘을 모아서 한 번에 '후'
손수건 날리기

손수건을 입 위에 올려놓은 다음 '후~' 바람을 불어서 손수건을 날리는 놀이입니다. 한민규 아버님께서 아빠넷에 소개하신 놀이입니다. 마침 막내 아이가 사용하던 가제 수건이 있기에 누워서 손수건을 날려보기 시작했습니다. 그러자 아이들이 호기심에 모여들었습니다. 숨을 참았다가 힘껏 바람을 불었습니다. 그런데 생각처럼 잘 날아가지 않고 옆으로 힘없이 떨어지기 일쑤였습니다. 한 번에 힘을 모아서 '후~~' 불었습니다. 그러자 손수건이 하늘 위로 쭉 올라갔습니다. 아이들도 신기한지 깔깔 웃으며 손뼉 치고 난리가 났습니다. 아이들의 응원을 들으니 기분이 좋았습니다. 아이들에게 아빠는 손수건도 하늘로 날려 띄우는 멋진 마법사가 된 것이죠. 이번에는 아이들 차례입니다. 생각보다 쉽지 않아요. 그러다 두루마리 휴지 한 장을 떼서 시도해보았습니다. 그러자 제법 움직입니다. 몇 번을 하더니 우리 아이들도 휴지 날리기에 성공했습니다. 온 집안이 축제 분위기가 되었네요. 모두 잘했어!

★ 16가지 놀이 효과 ★

아동발달 전문가의 한마디
손수건을 날리기 위해서는 숨을 크게 모아서 불어야 하죠. 호흡을 조절하는 연습을 하게 됩니다. 자기 몸을 자신의 뜻대로 조절하는 과정에서 자기효능감을 느낄 수 있습니다.

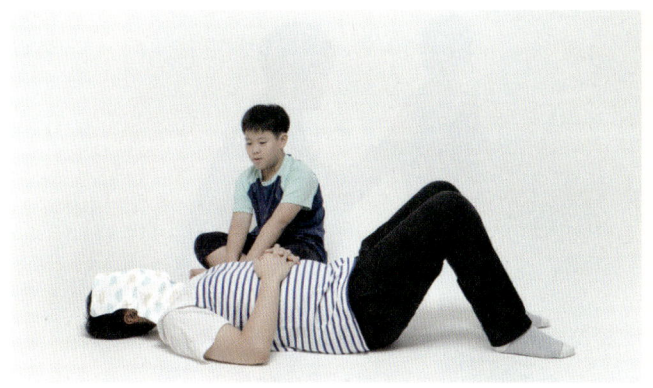

"아빠가 이 손수건을 하늘로 날려볼 게. 숨을 참았다가, 하나, 둘, 셋!"

있는 힘을 다해서 바람을 불었습니다. "후~" 그러자 손수건이 하늘 위로 쭉 올라갔습니다. "우와, 대박! 아빠 최고!" 아들이 신기한지 아빠를 많이 칭찬해주었습니다. 고마워, 아들!

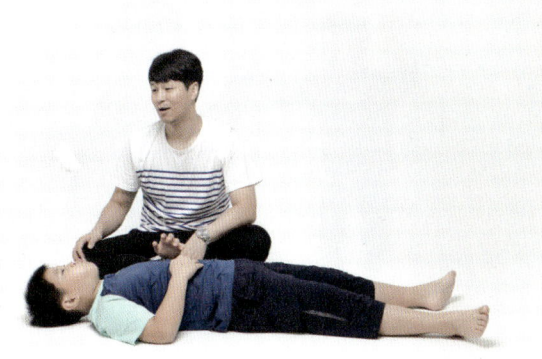

자, 이번에는 아들의 차례입니다. 수건으로는 쉽지 않아 휴지를 이용했습니다. 그러자 제법 날아갑니다. 한번 제대로 걸렸습니다. 아들이 바람을 '후~' 불자 휴지가 위로 쭉 올라갔습니다. 성공하고 얼마나 기뻐했는지 모릅니다.

 이 놀이에 달린 소셜댓글

 이○○ 신○○ 난 이거 하다 쓰러질 듯??

 신○○ 이○○ ㅋㅋㅋ 체력 바닥 ㅋㅋ

뛰는 아이 🏃

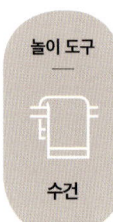

놀이 도구

수건

놀이 상황

에너지 발산

내 꼬리를 잡아보시지!
수건 꼬리잡기

각자 수건을 바지 뒤춤에 넣어서 꼬리를 만듭니다. 그리고 상대의 꼬리를 잡는 놀이입니다. 보건복지부에서 주최했던 '100인의 아빠단' 7기로 활동했을 때, 놀이 멘토님께서 내주신 미션이었습니다. 생각도 못 해본 놀이였는데 간단하고도 매우 재미있었습니다. 두 딸아이는 본능적으로 놀이 규칙을 알아차렸습니다. 시작하기가 무섭게 둘이서 힘껏 달려들더니 단번에 제 꼬리를 잡고는 쏙 빼내 버립니다. 순식간에 벌어진 일이라 당황했습니다. 다음 판부터는 정신 차리고 열심히 했지요. 지금도 빨래를 갤 때나 목욕하기 전후로 수건을 발견하면 수시로 합니다. 스릴 넘치고 즐거운 수건 놀이예요!

★ 16가지 놀이 효과 ★

아동발달 전문가의 한마디
아빠가 어떻게 움직이는지, 목표물인 수건을 잡으려면 어떻게 접근해야 할지, 아이의 머릿속이 빠르게 회전합니다. 순간 집중력과 대근육 활동이 자극되는 놀이입니다.

"꼬리 보이지? 상대의 꼬리를 먼저 잡는 사람이 승리하는 놀이야."

아이가 순식간에 꼬리를 향해서 달려듭니다. 피해보지만 속수무책이에요.

단숨에 꼬리가 잡혔습니다. 이 녀석 제법인데? 한 판 더!

이 놀이에 달린 소셜댓글

- 이○○ 이 놀이 애들이 진짜 좋아해요ㅎㅎㅎ
- 김○○ 요고 요고 잼나겠어요~ 아빠에게 당장 추천!!
- 한○○ 아이들 모아서 수건 런닝맨 하면 좋겠네요. ^^

뛰는 아이

놀이 도구

필요 없음

놀이 상황

아무 때나

꼭꼭 숨어라, 머리카락 보일라
숨바꼭질

숨바꼭질 많이 해보셨죠? "꼭꼭 숨어라, 머리카락 보일라. 하나 둘 셋~ 열! 찾는다." 아빠의 경쾌한 구령에 아이도 조마조마 몸을 숨깁니다. 아빠의 할리우드 액션이 중요하죠. 어디 숨었는지 대략 알 것 같지만 뜸 들이며 아이를 찾습니다. "우리 아들 어디 숨은 거야? 보고 싶어! 얼른 나와!" 이윽고 아이가 있을 만한 곳에 다다랐습니다. "짜잔~ 찾았다!" 아빠도 아이도 깜짝 놀라 으아~ 소리 질러요. 재밌는 숨바꼭질 놀이예요. 이번엔 아빠가 숨을까? 찾기 쉽지 않을걸. 숨는다!

★ 16가지 놀이 효과 ★

근 지구력 / 자기 조절력 / 창의력 / 관찰력 / 소통능력 / 배려심

아동발달 전문가의 한마디
아이의 공감각을 키우고, 아빠와의 긍정적인 신뢰감을 형성할 수 있는 놀이예요. 아빠와 역할을 바꾸어 아이가 놀이를 리드함으로써 주도성과 독립성을 향상할 수 있습니다.

"꼭꼭 숨어라, 머리카락 보일라, 꼭꼭 숨어라, 머리카락 보일라."

아빠가 열심히 숨었지만 아이가 금방 찾았어요.

"한 번 더 숨을게." 우리 아빠가 어디 숨었을까요? 재밌게 해보세요.

이 놀이에 달린
소셜댓글

 이○○ 숨을 곳이 뻔한데, 열심히 숨는 아이도 제 모습도 재밌습니다.

| 뛰는 아이

놀이 도구
필요 없음

놀이 상황
아빠한테 운동됨

떨어질 듯 떨어질 듯 안 떨어지네요!
아빠 로데오

아빠 등 위에 아이가 올라탑니다. 로데오처럼 아빠가 몸을 흔들며 움직이면, 아이가 떨어지지 않고 버티는 놀이입니다. 아이에게 아빠 말타기는 가장 쉽고 재미있는 놀이인가 봅니다. 수시로 아빠 등 위에 올라탑니다. 이제는 아빠가 아이를 위에 태운 상태에서 몸을 마구 흔듭니다. 빙빙 돌고 좌우로 움직이고 슬쩍 일어서기도 합니다. 그러면 아이가 아빠한테 붙어 있으려고 힘을 주어 아빠를 잡습니다. 떨어질 것 같으면 아이가 떨어지지 않도록 아빠가 은근히 배려해주었습니다. 아빠에게 꼭 붙어 있으려는 아이 덕에 아빠도 행복합니다.

★ 16가지 놀이 효과 ★

아동발달 전문가의 한마디
아빠 등이 흔들거릴 때마다 아이는 중심을 잡기 위해 미세하게 자세를 바꿔야 합니다. 흔들리는 등 위에서 버티려면 몸의 중심 근육도 긴장할 수밖에 없죠. 아빠 등 위에 타는 게 재밌기도 하지만 자기조절력과 근력 향상에도 도움이 됩니다.

"잘 올라탔습니까? 아빠 말이 움직입니다. 떨어지지 않도록 조심하세요!"

몸을 좌우로 흔들고 빙빙 돌았습니다. 슬쩍 일어서기도 했습니다. 아이가 떨어지지 않고 제법 잘 버팁니다. 그런데 혹시라도 층간소음 문제가 생기지 않도록 주의하세요.

"이 녀석 제법인데?" 아이가 떨어지지 않으려고 아빠에게 찰싹 달라붙는데, 기분이 좋습니다.

이 놀이에 달린 소셜댓글

 이○○ 평소에 가끔 이걸 해주곤 했는데, 아이가 여섯 살이 되니 힘도 세지고 무거워져서… 아무리 해도 안 떨어져요 ㅋㅋㅋ 이젠 뭐 5분이면 아빠가 먼저 뻗 ㅋㅋㅋ

 서○○ 이거 나중에 큰일 나는 놀이인데 ㅋ

 김○○ 어제 엄마가 미니 버전으로 해줌. 겁나 좋아하심

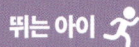 뛰는 아이

놀이 도구
필요 없음

놀이 상황
출퇴근 할 때

돌아라 돌아! 아빠가 꼭 잡아줄게
아빠 물레방아

아이가 아빠의 몸을 딛고 올라가서 한 바퀴 도는 놀이입니다. 아이는 위험을 느끼면서도 손을 꼭 잡아주는 아빠 덕에 안정감을 느끼며 마음껏 놀이합니다. 처음 할 때는 아이가 돌아갈 수 있도록 도와주었습니다. 신기한지 또 하자고 달려듭니다. 결국은 아빠를 이용해 혼자서 돌았습니다. 아주 대단해요. 지금은 아빠랑 손만 잡으면 물레방아 놀이를 하곤 합니다. 혹시라도 무리하게 하면 아이가 팔을 다칠 수 있으니 주의하세요. 우리 아이에게 듬직한 아빠를 선물하세요.

★ 16가지 놀이 효과 ★

아동발달 전문가의 한마디
아이의 눈에는 세상이 빙그르 도는 것처럼 보입니다. 평소 보던 것들을 낯설게 보는 경험을 통해 시지각이 자극됩니다. 또한 두려움을 이겨내고 한 바퀴 도는 데 성공하고 나면 자신감도 자랍니다.

"아빠가 손을 꼭 잡아줄게. 발로 밟고 올라가서 한 바퀴 돌아볼까?"

물레방아처럼 아이가 돌았습니다. 처음에는 좀 무서웠지만 아빠가 잡아주니까 든든하고 정말 스릴 만점입니다.

"돌았다! 우리 딸 잘했어, 대단해!" 혹시나 무리하게 할 경우 아이의 팔이 다칠 수 있으니 주의하세요.

이 놀이에 달린 소셜댓글

 이○○ 어~~ 이 놀이 우리 아이들이 아빠와 잘 하는 건데… ㅋㅋ

 이○○ 허○○ 자기야 매일 1분이래 ㅋㅋ

 조○○ 요새 우리 일곱 살 딸이 제일 좋아하는 놀이~~

뛰는 아이 🏃

놀이 도구
인형

놀이 상황
아빠한테 운동됨

리얼 수동 무료 인형 뽑기!
아빠 인형 뽑기

아빠가 아이를 안고 움직이면서, 아이가 인형을 직접 뽑는 놀이입니다. 김학형 님께서 페이스북을 통해 공유해주신 놀이입니다. 당시 반응이 폭발적이었습니다. 아이가 좋아하는 인형들을 흩트려놓고 아이의 양손에 국자를 쥐어주었습니다. 아빠가 손으로는 아이를 안고, 입으로는 자체 사운드를 내면서 조심조심 인형을 향해 다가갔습니다. 아이가 국자로 뽑고 싶은 인형을 잡았습니다. 이제 카트로 옮길 차례입니다. 아빠가 덜컹덜컹하면서 자체 효과를 만들어주었습니다. 으앗! 밖으로 떨어졌습니다. 몇 번을 다시 해서 결국 인형 뽑기에 성공했습니다. 정말 신났습니다. 그런데 아빠의 몸은 말이 아닙니다. 이 놀이는 체력 소모가 상당합니다. 이럴 줄 알았으면 한 번에 인형을 뽑도록 해줄 걸 그랬나 봐요!

★ 16가지 놀이 효과 ★

아동발달 전문가의 한마디
눈에 보이는 것을 잡기 위해 자신의 신체를 집중해서 조절합니다. 잘 되지 않을 수 있지만 그 과정에서 아이의 집중력이 자랍니다.

"아빠가 널 들어줄게. 가지고 싶은 인형을 이 국자로 잘 뽑아 봐! 할 수 있지?"

아이가 드디어 인형을 잡았습니다. 조심조심 카트로 인형을 옮겨갑니다. 아이고! 그런데 인형을 카트 위에 떨어트리는 순간 아빠가 덜컹덜컹하는 바람에 밖으로 떨어졌습니다. 다시 도전!

몇 번을 시도한 끝에 인형을 잡았습니다. 정말 재미있었습니다. 손에 들고 있던 국자로 아빠와 하이파이브를 하네요. 그런데 이 놀이는 아빠의 체력 소모가 상당합니다. 꼭 컨디션 좋은 날 해보세요!

이 놀이에 달린 소셜댓글

 전○○ 이○○ 이거이거 해보자ㅋㅋㅋㅋ 경민이는 둘이 들고ㅋㅋㅋ

 김○○ 박○○ 애기들 이런 거 한 번 시작하면… 하루 종일 해야 돼… ㅋㅋ

뛰는 아이 🏃

놀이 도구

필요 없음

놀이 상황

에너지 발산

아빠에게 붙어라!
아빠 진드기

아빠 발 위에 아이를 태워서 움직이는 놀이입니다. 아이를 태운 채 발걸음을 옮기려니 들리지가 않습니다. 언제 이렇게 컸는지, 제법 무겁네요. 그래도 힘을 다해 뚜벅뚜벅 걸어갔습니다. 아이도 떨어지지 않으려고 아빠의 다리를 꼭 붙잡습니다. 영차영차! 호흡을 맞춰 목적지에 도착했습니다. "다 왔다! 아빠 진드기 이제 내려주세요." 그런데 아이가 내리지 않고 더 가자고 해요. 힘든데, 몇 걸음 더 걸어야겠습니다. "알겠습니다, 그럼 다시 출발!" 아이가 더 크기 전에 많이 해줘야겠습니다. 붙어 있으니 몸은 힘들어도 즐거워요.

★ 16가지 놀이 효과 ★

아동발달 전문가의 한마디
아빠와의 건강한 신체 접촉을 통해 아이는 자신의 몸과 타인의 몸에 대해 긍정적인 경험을 할 수 있습니다. 서로 협동하며 배려하는 마음도 가질 수 있는 놀이입니다.

"아빠 다리에 올라타볼까?"
"네!" 아빠 진드기가 출발합니다.
하나 둘, 하나 둘!

와! 그런데 생각보다 무거워요. 다리 힘만으로 못 올리겠네요. 온 힘을 다해 걸어갑니다.

아이도 떨어지지 않으려고 아빠에게 꼭 붙어요. 함께 있으니 즐겁고 행복합니다. 다시 출발!

이 놀이에 달린 소셜댓글

 표○○ 아빠와 아이가 노는 모습이 보기 좋아요. 덤으로 바닥 청소(?)까지 하네요.

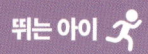뛰는 아이

놀이 도구
필요 없음

놀이 상황
출퇴근 할 때

아빠의 몸을 마구마구 올라가자
아빠 몸 등산

아이가 등산하듯이 아빠의 몸을 올라가는 놀이입니다. 아빠가 허락만 해준다면 아이들은 언제든 환영이지요. 아이가 아빠의 몸을 타고 올라가려고 시도합니다. 아이의 팔을 꽉 잡아서 올라가는 것을 조금씩 도와주었습니다. 그러자 아이가 발로 아빠의 다리와 배를 밟으면서 점점 위로 올라갑니다. 아빠의 어깨까지 올라가서 결국에는 목말을 탔습니다. 아빠를 완전히 정복한 순간입니다. 기분이 좋은지 아이가 활짝 웃습니다. 그리고 또 하자고 해요. 아이의 자신감도 쑥 높아진 것 같아서 기분이 좋습니다.

★ 16가지 놀이 효과 ★

아동발달 전문가의 한마디
아빠의 신체를 탐색하며 스킨십을 실컷 할 수 있는 놀이입니다. 이 놀이를 위해서 전신 근육을 사용해야 합니다. 또한 균형감각도 자극되지요.

"아빠를 붙잡고 아빠의 몸을 올라가는 놀이야. 한번 해볼까?"

아빠가 조금 도와주긴 했습니다만, 제법 잘 올라갑니다. "잘한다 우리 딸. 조금만 더! 힘내!"

결국, 끝까지 올라가고야 맙니다. 대단해요. 아빠 정복! 아이의 자신감도 쑥쑥 올라간 것 같습니다.

이 놀이에 달린 소셜댓글

- 김○○ 신○○ 아준이랑 하는 클라이밍 놀이 ㅋ
- 김○○ 1분이라뇨 한 번하고 끝날 리가 ㅋㅋㅋ 두 아들과 해봐야겠네요^^ㅋㅋ
- 김○○ 저 1분짜리 15번 정도 해야 겨우 끝남

뛰는 아이

놀이 도구 — 양말

놀이 상황 — 제대로 놀고 싶을 때

누가 양말을 더 빨리 벗을까요?
양말 벗기 놀이

손을 사용하지 않고 양말을 벗는 놀이입니다. 외출하고 집에 들어와 양말을 벗으면서 할 수 있습니다. 매일 일상적인 일이지만 이 좋은 놀이의 기회를 놓칠 수 없습니다. "아빠랑 누가 빨리 양말 벗는지 시합할까? 손쓰기 없기!" "네, 아빠!" 양말 벗기 시합이 시작되었습니다. 한쪽 발을 이용해서 열심히 양말을 벗습니다. 아빠는 금방 할 수 있지만 아이가 조금 어려워해요. 이럴 땐 아빠가 나섭니다. 방해하는 척하면서 아이가 양말 벗는 것을 도와주었습니다. 와! 결국, 우리 아이가 먼저 벗었습니다. 잘했어. 벗은 양말은 같이 빨래통에 넣자!

★ 16가지 놀이 효과

아동발달 전문가의 한마디

손으로 잡아서 벗으면 쉽지만 손을 대지 않는 규칙을 만들면서 어려운 과제가 되었습니다. '손으로 벗을까 말까?' 아이의 인내심이 자랍니다. 소근육은 사용한 만큼 발달합니다. 즉 많이 사용해야 그만큼 섬세해지죠. 소근육 발달은 뇌 발달과도 깊은 연관이 있습니다. 발가락으로 양말을 벗는데도 아이는 자라고 있습니다.

"손을 쓰지 않고 양말을 벗는 놀이야. 누가 먼저 벗는지 시합할까?"

생각보다 잘 안 벗겨집니다. 그런데도 아들이 제법 집중해서 잘합니다. 조금 어려워할 때는 아빠가 방해하는 척하면서 살짝 살짝 도와주세요!

이야! 결국 둘 다 양말을 벗는 데 성공했습니다. 나이스 벗은 양말은 빨래통으로 쏙!

이 놀이에 달린 소셜댓글

 이○○ 아이들의 웃음이 최고의 비타민입니다.

뛰는 아이

놀이 도구
―
양말

놀이 상황
―
제대로 놀고
싶을 때

비석을 쓰러뜨려라, 얍!
양말 비석치기

책을 나란히 세운 다음 양말로 맞혀서 쓰러트리는 놀이입니다. 처음에는 힘 조절도 잘 못하고 방향도 마음대로 날아가곤 했습니다. 그런데 몇 번 하더니 제법 잘 맞힙니다. 백발백중이에요. 대단합니다. 그러다가 갑자기 아빠 말에 올라타겠답니다. 그러고는 책을 맞히기 시작했어요. 흔들리는 등 위에서 균형을 잡아가면서 요리조리 던집니다. 비석이 맞아서 쓰러질 때마다 아이도 아빠도 통쾌합니다. 나이스! 잘했어 아들, 대단한데?

★ 16가지 놀이 효과 ★

아동발달 전문가의 한마디
과제를 수행하는 놀이는 아이에게 '목표'와 '목표 달성'에 대한 연습이 됩니다. 목표를 달성하기 위해 과정을 밟아나가야 한다는 걸 배웁니다. 힘을 조절해 목표물을 하나씩 맞히다 보면 자기만족감도 향상될 수 있어요.

"양말로 책을 맞혀서 쓰러트리는 놀이야." 아빠의 말이 끝나자마자 양말을 던집니다. 백발백중이네요. 나이스!

갑자기 아들이 아빠 말 등에 올라탔습니다. 그러더니 양말을 던져서 책을 맞히기 시작했어요. 균형을 잡아가면서 하나씩 쓰러트리는 모습이 늠름한 장군 같습니다.

이야! 모두 다 쓰러트렸습니다. 정말 대단합니다. 아이도 자신감이 한층 높아진 것 같습니다. 참 대견하고 자랑스럽습니다. 잘했어, 아들!

이 놀이에 달린 소셜댓글

 이○○ 볼링처럼 책을 여러 권을 세워놓고 한꺼번에 쓰러뜨리기를 해도 재미있을 것 같네요!

뛰는 아이

놀이 도구

양말

놀이 상황

제대로 놀고 싶을 때

우와, 순식간에 벗기네요?

양말 뺏기 놀이

상대방이 신고 있는 양말을 벗기는 놀이입니다. 아이와 함께 거실에 앉아 있던 어느 날이었습니다. 마침 둘 다 양말을 신고 장난을 치다가 상대방의 양말 뺏기 놀이를 하였습니다. 처음에는 양말을 잘 못 벗기더니 지금은 너무 잘 벗깁니다. 약간의 틈만 주면 순식간입니다. 깜짝깜짝 놀랄 때가 많아요. 아빠도 질 수 없어 반격합니다. 양말을 뺏기지 않으려고 바둥거리는 아이의 양말을 슬쩍 벗깁니다. 이제 상황은 1:1. 물러설 수 없는 팽팽한 긴장감. 그런데 아빠가 티 안 나게 슬쩍 양보해주었습니다. 결국 우리 아이의 승리입니다. 우리 아들의 운동 신경이 이렇게 좋았나? 대견합니다.

★ 16가지 놀이 효과 ★

아동발달 전문가의 한마디

이 놀이를 잘 하려면 상대방의 움직임을 파악하고 그에 맞게 접근 전략을 짜고 재빨리 실행해야 합니다. 양말 하나를 빼앗기 위해 아이 뇌는 빠르게 회전하며 통합적 사고를 합니다. 상대의 움직임과 표정을 읽는 상호 놀이는 사회성 발달에도 도움이 됩니다.

"상대방의 양말을 벗기는 놀이야. 할 수 있겠지?" 아빠의 말이 끝나기가 무섭게 아이가 움직입니다. 순식간에 아빠의 양말을 벗겼습니다. 깜짝 놀랐습니다. 대단합니다.

아빠도 질 수 없습니다. 묘한 승부욕이 생기네요. 이얍! 빼앗기지 않으려고 발버둥치는 아들의 양말 한 짝을 벗겼습니다. 현재 스코어는 일대일!

결국 우리 아이의 승리입니다. 아빠의 양말을 모두 빼앗은 아이의 자신감이 상당합니다. 잘했어 우리 아들, 박수!

이 놀이에 달린 소셜댓글

이○○ ㅎㅎㅎㅎ 놀이가 변질되었네요. 이후에 자기가 이긴다고 스타킹 신고 나타났는데 그걸 올릴 걸 그랬나 봐요 ㅋ

신○○ 아빠 양말 두 쪽을 다 뺏고 도망쳐서는 승리의 깔깔웃음 시전 ㅎ
뭔가 규칙대로 하지는 않았지만 아빠 양말을 뺏는 동안 온 집안이 떠나가게 웃네요 ㅋㅋ

이○○ 벗기기 싸움이라기보다는 아빠랑 마주 앉은 게 마냥 좋지요~ㅋ

뛰는 아이

놀이 도구

필요 없음

놀이 상황

에너지 발산

영차영차! 엉덩이에 불이 납니다
엉덩이 달리기

자리에 앉아서 양손으로 무릎을 잡습니다. 엉덩이와 발을 이용해서 달리기 시합을 하는 놀이입니다. 아이와 아빠 모두에게 상당한 운동이 됩니다. 아빠가 시범을 보여주자 아이가 금세 놀이를 이해했습니다. "아빠랑 시합해볼까?" 거실 끝에서 끝까지 가기로 했습니다. "시작!" 아이가 달려갑니다. 영차영차! 끙끙대면서 끝까지 곧잘 갑니다. 아빠도 열심히 추격했습니다. "간다! 잡아라!" 적절한 추임새는 놀이를 더욱 신나게 했습니다. 하지만 아이를 추월하지는 않았어요. 골인! 아이가 먼저 도착했습니다. 수고했어, 우리 딸! 이번엔 다시 돌아가볼까? 출발!

★ 16가지 놀이 효과 ★

아동발달 전문가의 한마디

규칙을 만들어 놀이를 하다 보면, 아이는 규칙의 개념에 대해 이해할 수 있게 됩니다. 두 발로 달려갈 수도 있지만 답답함을 참고 엉덩이와 발로 목적지까지 갑니다. 근력이 발달할 뿐 아니라 놀이를 통해 아이의 인내심도 자랍니다.

"엉덩이랑 발로 걸어가는 거야. 할 수 있겠어? 아빠랑 시합해보자!"

아이가 재빨리 달려갑니다. "우와, 엄청 빠른데?" 아빠도 출발합니다. "간다, 잡아라!"

우리 딸의 승리입니다. 사실, 아빠는 열심히 추격했지만 추월하지는 않았습니다.

이 놀이에 달린 소셜댓글

박○○ 걸어갈 수도 있었는데 엉덩이 달리기 규칙을 잘 지켜준 아들 최고!! 끝까지 포기하지 않고 완주해준 두 살 어린이에게 박수를 짝짝짝!!

뛰는 아이

누구 엉덩이 힘이 더 셀까요?
엉덩이 씨름

엉덩이를 이용해 상대를 밀어 넘어뜨리는 놀이입니다. 담요 등을 깔고 바깥으로 밀어내는 규칙을 두어도 재미있습니다. 일곱 살 딸아이와 즐겁게 했습니다. 키 차이가 있어서 평소에는 무릎을 꿇고 했더니 잘 맞았습니다. 아빠를 이기려고 힘도 많이 쓰고 악착같이 달려듭니다. 중간중간 팔 사용은 적당히 애교로 봐주었습니다. 엉덩이 씨름을 해보니까 아직 어리지만, 어느새 힘도 많이 세졌네요. 건강히 잘 자라준 게 참 기특합니다. 언젠가 엉덩이를 맞대고 진짜로 씨름할 수 있는 날이 오겠죠? 기대가 됩니다.

놀이 도구

필요 없음

놀이 상황

제대로 놀고 싶을 때

★ 16가지 놀이 효과 ★

균형감각 · 근·지구력 · 친밀감 · 자신감 · 집중력 · 배려심

아동발달 전문가의 한마디
처음엔 밀기만 하던 아이도 민첩하게 피하기도 하고, 순간적으로 강하게 힘을 집중할 줄도 알게 됩니다. 아이의 민첩성과 자기조절력이 자극되는 놀이입니다.

"엉덩이를 맞대고 서로 밀어서 넘어뜨리는 거야. 알겠지?"

시작하자마자 아빠를 넘어뜨리려고 있는 힘을 다해 덤벼듭니다. 중간중간 팔도 썼는데, 애교로 봐줬습니다.

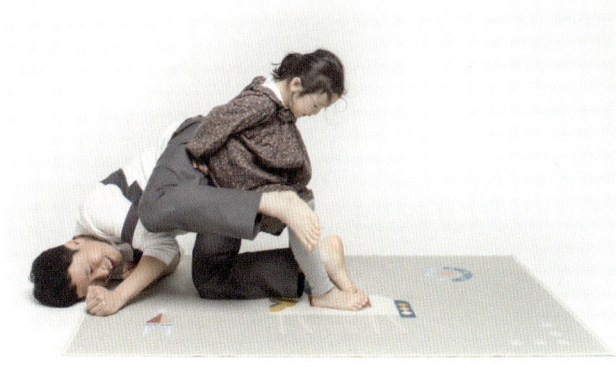

아이고, 항복 항복! 결국 우리 아이가 이겼습니다. 아빠의 굴욕이네요. 비록 넘어진 채지만 행복합니다.

이 놀이에 달린 소셜댓글

 이○○ 한○○ 이거 좋아요 해서 배우장 ㅎㅎ

 김○○ 권○○ 아빠랑 하자 사랑아

뛰는 아이

놀이 도구
―
필요 없음

놀이 상황
―
장난치고
싶을 때

참으려고 해도 참을 수가 없습니다
웃음 참기 놀이

번갈아가면서 상대방을 웃기는 놀이입니다. 놀이를 하다 보면 한껏 기분이 고조돼 아이가 자지러집니다. 꺄르르 아이의 행복한 웃음소리에 모두가 행복합니다. 쿵쿵 뛰어다니고 바닥을 구르고 난리입니다. 이런 상황이 되면 한 번씩 웃음 참기 놀이를 시도합니다. 기분이 좋은 아이가 아빠를 웃기려고 별의별 시도를 합니다. 동물 흉내, 괴상한 표정, 이상한 말들. 얼마나 귀여운지 몰라요. 창의적입니다. 아빠의 공격 차례입니다. 아빠도 질 수 없습니다. 할리우드 액션과 과장된 몸짓으로 기어이 아이를 웃기고 맙니다. 사실 눈만 마주치면 웃음이 나오는데 뭐하러 오래 참습니까? 함께 마음껏 웃는 시간을 보내세요.

★ 16가지 놀이 효과 ★

아동발달 전문가의 한마디
웃음이 나올 것 같지만 아이는 일단 꾹 참아봅니다. 감정을 억누르는 것은 좋지 않지만, 감정을 조절하는 능력은 살아가는 데 반드시 필요합니다. 감정 조절 놀이를 통해 내 감정을 숨기는 법, 상대 감정을 변화시키는 법을 익힙니다. 시원하게 웃으면 스트레스도 해소되지요.

"서로를 웃기는 놀이야. 먼저 해볼래? 아빠 꾹 참는다." 아이가 아빠를 웃기려고 공룡 흉내를 냅니다. 이상한 소리도 내요. 무척이나 귀엽고 사랑스럽습니다.

이번엔 아빠 차례입니다. "으헤헤헤헤!" 아빠의 오버 액션에 아이가 웃음을 터뜨렸습니다. 참으려고 해도 참을 수가 없지요.

"웃었다 웃었어!" 보기만 해도 좋은데 뭐하러 참습니까? 그냥 마음껏 웃읍시다!

이 놀이에 달린
소셜댓글

 조○○ 아빠의 눈만 봐도 아이가 웃어요. 고맙고 새삼 미안하네요.

뛰는 아이

놀이 도구
인형

놀이 상황
에너지 발산

슛~ 골인!
인형 농구

인형이나 베개를 이용해 슛~ 골인하는 놀이입니다. 아빠가 두 팔을 이용해 골대를 만들어주면 준비가 다 됐습니다. 집에 있는 인형을 하나 준비했어요. 아빠 골대를 향해서 아이가 자세를 가다듬고 슛~! 던졌습니다. 아, 노골이네요. 생각처럼 쉽지 않지요? 다시 준비해서 슛~ 골인! 들어갔습니다. 제법인데요. 이제 감 잡았는지 백발백중입니다. 열이면 열 모두 골인이에요. 안 되겠습니다. 거리를 점점 늘려가며 해보았어요. 아이도 집중해서 열심히 슛을 던졌습니다. 오! 마지막은 달려와서 아빠에게 덩크슛하며 안기네요. 잘했다, 아들!

★ 16가지 놀이 효과 ★

아동발달 전문가의 한마디
아빠와 아이가 상호 긍정적인 신뢰감과 친밀감을 쌓을 수 있어요. 서로를 응원하는 언어표현을 하기에도 좋은 놀이입니다.

인형이 하나 있네요. "아빠가 골대 만들어볼게, 슛 한번 해볼까?" 준비!

집중해서 공(인형)을 던졌습니다. 슛~! 과연?

우와~ 골인! 제법이네요. 아빠도 아이도 신납니다. 나이스!

이 놀이에 달린 소셜댓글

 김○○ 아들이 제법 잘 넣어요. 깜짝 놀랐습니다. 언제 이렇게 컸지?

뛰는 아이

놀이 도구
젓가락

놀이 상황
대기할 때

잘 올려주세요!

입술 젓가락

입술 위에 젓가락을 올리고 떨어지지 않게 버티는 놀이입니다. 입과 코를 씰룩거리며 균형을 잘 잡아야 하는데요, 생각보다 쉽지 않습니다. 배달 음식을 먹으면 이따금씩 나무젓가락이 생깁니다. 좋은 기회를 놓칠 수 없죠. 아빠가 젓가락 한 쌍을 올려 버티기 놀이를 하니까 아이들도 흥미로운지 따라 합니다. 여기저기서 떨어지고 난리예요. 한 개 성공했으니 이번엔 두 개를 올렸습니다. 모든 신경을 한곳에 모아 잘 버팁니다. 개수를 늘려 세 개도 도전! 식사 전 가볍게 젓가락 놀이 하며 함께 웃으니 좋습니다. 즐겁게 해보세요.

★ 16가지 놀이 효과 ★

아동발달 전문가의 한마디

신체를 활용한 놀이는 자기조절력과 함께 긍정적인 자아상을 형성하는 데에 좋은 역할을 합니다. 특히 이 놀이는 아이의 힘만으로 해낼 수 있어서 집중력과 지구력을 키우기 좋습니다.

"젓가락 버티기 놀이할까?"
아빠에게 젓가락을 하나씩 올려주세요.

떨어지지 않을까 아이가 조심조심 젓가락을 입술 위에 올렸습니다.

아빠도 입술을 쭉 내밀어 올리기 성공! 한 개 더 놓아주세요.

이 놀이에 달린
소셜댓글

 조○○ 젓가락 하나로 이렇게 즐거울 수 있다니요. 아슬아슬 버티기 도전!

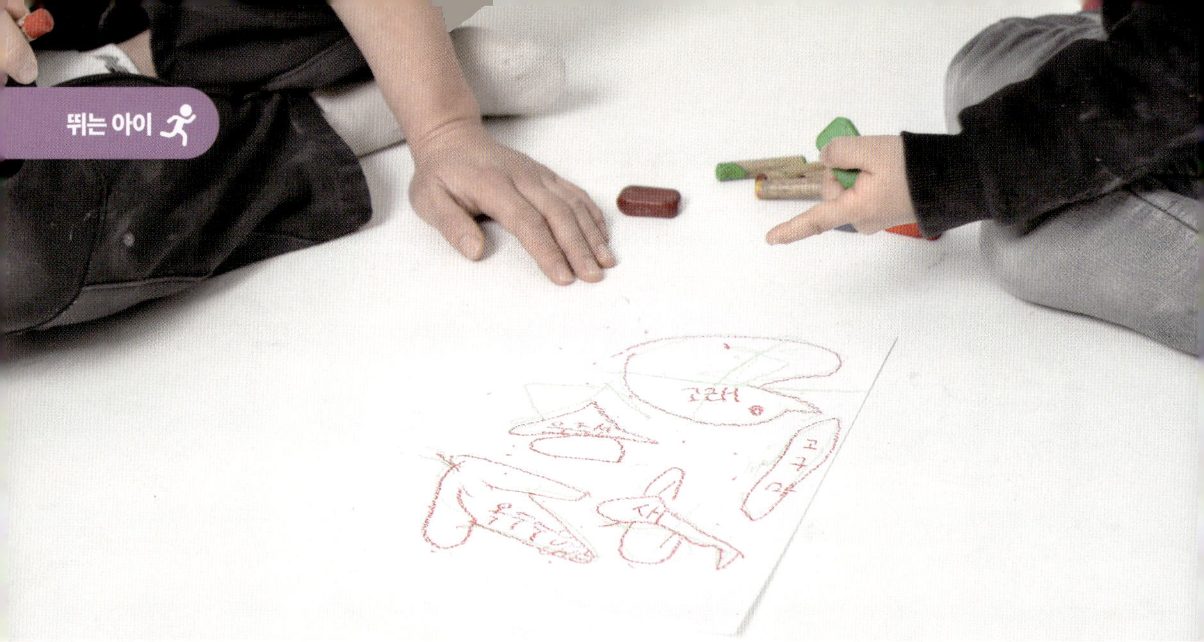

뛰는 아이

이런 모양도 나오네요!
점 잇기

종이 위에 무작위로 점을 찍은 후에 그 점들을 이어서 모양을 만드는 놀이입니다. 작은 점들이 모여 상상하는 모든 것들을 만들 수 있네요. 처음엔 뭘 만들지 긴가민가하다가 하나를 시작하니 꼬리를 물고 술술 여러 모양이 탄생해요. 간단한 고구마부터 우주선, 새, 옥수수까지 나왔어요. 아이의 엉뚱함과 기발함에 놀라기도 하고, 생각지도 못한 모양에 함께 웃으며 재밌습니다. "우리 한 번 더 해볼까?" "네, 아빠!" 종이와 연필만 있으면 가능합니다. 우리 집은 어떤 모양이 나올까요? 즐겁게 해보세요.

놀이 도구
종이

놀이 상황
제대로 놀고 싶을 때

★ 16가지 놀이 효과 ★

아동발달 전문가의 한마디
특별한 준비물이 필요 없어서 어디서나 쉽게 접근할 수 있는 놀이입니다. 정답은 없습니다. 아이가 마음껏, 자유롭게 점을 잇도록 독려해주세요. 아이의 창의력과 공간지각력, 시지각 훈련에 도움이 될 거예요.

아이와 함께 종이 위에 무작위로 점을 찍었습니다. "점을 연결해서 모양을 만들어볼까?"

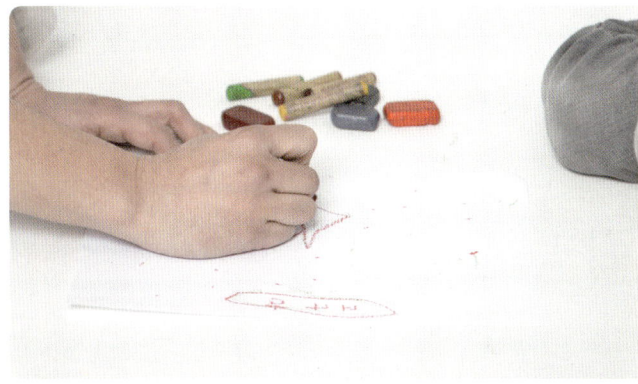

이리저리 궁리하다가 가볍게 고구마를 그렸습니다.

그러자 고래까지 생각지도 못한 재밌는 모양들이 술술 나오네요. 재밌게 해보세요.

이 놀이에 달린
소셜댓글

 이○○ 몸으로 힘들이지 않고도 재밌는 놀이네요. 어렸을 때 친구들과 하던 생각도 납니다.

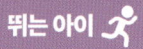 뛰는 아이

놀이 도구
—
젓가락

놀이 상황
—
제대로 놀고
싶을 때

들어가라, 얍!
젓가락 투호

배달 음식 한 번씩 드시죠? 그럴 때면 나무젓가락이 생깁니다. 이 기회를 놓칠 수 없죠. 통 하나만 마련하면 신나는 투호 놀이 준비 끝. 자~ 던졌습니다. 그런데 쉽지 않아요. 얇고 가벼운 젓가락을 던져서 통에 넣는 일이 만만치 않습니다. 이렇게 해보고 저렇게 해봐도 안 들어가네요. 집중 또 집중! 드디어 아빠가 성공했습니다. 얼마나 기쁜지요. 아이도 함께 박수 쳐줍니다. 너도 해볼까? 파이팅. 던지고 또 던집니다. 이윽고 성공했어요. 얼마나 즐거운지요. 잘했다. 짝짝짝!

★ 16가지 놀이 효과 ★

아동발달 전문가의 한마디
먼저 입구가 넓은 통으로 시작해보고 차츰 거리를 조절하거나 입구가 좁은 통까지 도전해보세요. 아이가 힘과 집중력을 스스로 조절하여 할 수 있는 놀이로, 성공했을 때의 성취감이 아이의 자기유능감에 좋은 영향을 줄 수 있습니다.

나무젓가락을 던져서 통에 집어넣는 놀이입니다. 준비하시고, 시~작!

생각보다 잘 안 들어가요. 던지고 또 던지고, 집중해서 슉!

와! 드디어 들어갔습니다. 성공! 이걸 해내네. 잘했다, 아들.

이 놀이에 달린
소셜댓글

 최○○ 마냥 어리다고 생각했는데 이걸 집어넣네요. 대단합니다. 박수!

뛰는 아이

놀이 도구

종이컵

놀이 상황

제대로 놀고 싶을 때

내 몸과 똑같은 모양이 생겼습니다

종이컵 사람 만들기

아이의 몸 주변으로 빙 둘러서 종이컵을 쌓는 놀이입니다. 큰 대 자로 누운 아이 주변으로 아빠가 종이컵을 빙 두르기 시작했습니다. 아이도 재미있고 신기한지 집중해서 잘 참고 있습니다. 그러다 한 번씩 궁금한지 고개를 듭니다. 꼼지락꼼지락거리다가 종이컵을 툭 치기도 해요. 우리 아이의 몸을 본뜬 종이컵 로봇이 완성됐습니다. 흐트러지지 않게 아이가 조심조심 일어섭니다. 신기하고 재미있나 봅니다. 한번 쭉 돌아보고는 조심조심 종이컵 로봇 안에 다시 눕습니다. 아빠도 그런 아이를 잘 도와주었습니다. 눈을 마주치니 좋은지 씨익 웃네요. 아빠도 기분이 좋습니다. 자, 이제 마무리할 시간입니다. 종이컵 놀이의 하이라이트는 역시 부수기죠? 발로 뻥! 신나게 차고 넘어트립니다. 보기만 해도 스트레스가 확 날아가네요. 나이스!

★ 16가지 놀이 효과 ★

아동발달 전문가의 한마디

가만히 있기 힘들 텐데 아이는 놀이할 때만큼은 참을성을 잘 발휘합니다. 평소 차분히 있지 못하는 아이에게 참는 연습을 하는 기회로 삼아보세요.

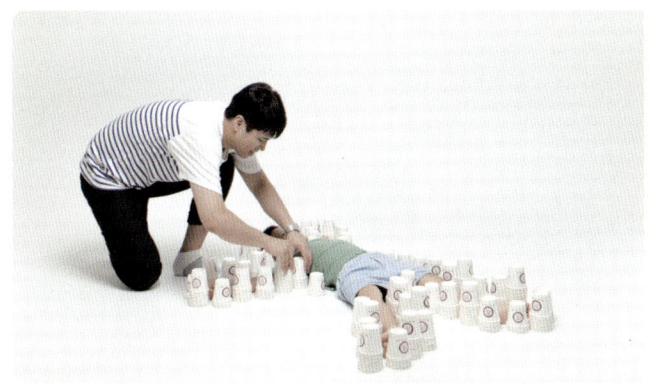

"자, 점점 완성되어 갑니다. 우리 아들 움직이도 않고 잘 참네? 대단한데!"

드디어 완성! 우리 아들의 몸을 본뜬 멋진 종이컵 로봇이 탄생했습니다. 종이컵이 흐트러지지 않게 조심조심 일어났습니다. 아이도 신기하고 즐거워합니다. 한번 쭉 둘러보고는 로봇 안으로 다시 쏙 들어가네요. 아주 귀엽습니다.

종이컵 놀이의 하이라이트는 역시 부수기죠! 열심히 만든 종이컵 로봇을 시원하게 부숩니다. 발로도 차고 위로 던지고 아주 신납니다. 지켜보던 형도 참을 수 없습니다. 형제가 함께하니 더욱 신나네요. 스트레스가 확 풀립니다.

이 놀이에 달린 소셜댓글

 조○○ 종이컵은 최고의 놀이 도구죠.

뛰는 아이

놀이 도구

종이컵

놀이 상황

제대로 놀고 싶을 때

종이컵을 쌓읍시다. 마지막은 부숴야죠!

종이컵 쌓기

종이컵을 쌓는 놀이입니다. 아이와 함께 시간을 보내기에 아주 좋습니다. 슈퍼마켓에서 종이컵 1,000개들이 한 박스를 구입했어요. 항상 갖춰놓았다가 시간이 넉넉할 때는 아이들과 종이컵 놀이를 자주 합니다. 규칙은 단순합니다. 밑에서부터 하나씩 하나씩 쌓아올려요. 중간중간에 쓰러지기도 하지만 이것도 과정이니 즐겁습니다. 하다 보니 어느새 아이 키보다 더 높이 쌓았습니다. 이제 마지막 클라이맥스가 남았네요. 그것은 바로 부수기입니다. 발로 뻥 차고 팔도 마음껏 휘두릅니다. 종이컵 탑이 와르르 무너지면서 스트레스도 확 날아가네요!

★ 16가지 놀이 효과 ★

아동발달 전문가의 한마디

처음에는 종이컵을 쌓는 연습부터 해야겠지만, 쌓는 데 익숙해진다면 다양한 모양으로 쌓도록 유도해보세요. 아이는 종이컵을 더 멋지게 쌓기 위해 창의력을 발휘합니다. 열심히 쌓은 종이컵을 한 번에 과감하게 부순다고 걱정하지 마세요. 아이는 형태를 만들고 부수면서 전능감을 느끼고 스트레스도 털어냅니다.

"딸, 종이컵 쌓아볼까? 옳지 옳지. 잘 하네!"

"일요일밤 도전합니다. 아이들이 완전 좋아하네요."　　-서진서영아빠

"종이컵 쌓기의 백미는 역시 부수기 네요."　　-윤진현진윤찬아빠

이 놀이에 달린 소셜댓글

김○○　오 괜찮은데 ㅋㅋㅋ 쌓으면 부수고 반복이겠군

최○○　고○○ 이거 보고 요즘 놀아주는 중이야　　배○○　김○○ 진짜 신기하게 했다!!!!!

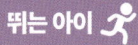 뛰는 아이

놀이 도구
책

놀이 상황
제대로 놀고 싶을 때

책이 쓰러질 때 기분이 짜릿합니다

책 도미노

책을 이용한 도미노 놀이입니다. 아이와 함께 책 도미노를 쌓기 위해서는 고도의 집중력과 끈기가 필요합니다. 하나씩 하나씩 책을 세웠습니다. 모양이 갖춰질 만하면 아이가 발로 차고 아빠가 툭 건드리기도 하는 등 번갈아가며 실수해서 무너지기도 합니다. 한 땀 한 땀 정성을 들였습니다. 드디어 목표했던 책 도미노를 완성했습니다. 넘어트리는 건 아이의 몫입니다. 첫 번째 책을 발로 툭 찼습니다. 그러자 책들이 차례대로 다다다다 넘어지기 시작했습니다. 마지막 책까지 한 번에 모두 넘어졌습니다. 별거 아닌 것 같은데 왜 이렇게 신나는지 모르겠습니다. 통쾌하지? 한 번 더 해볼까?

★ 16가지 놀이 효과 ★

아동발달 전문가의 한마디

늘 읽던 책으로 도미노를 만들며, 도구를 정해진 용도가 아닌 다른 용도로도 활용할 수 있다는 것을 배우게 됩니다. 정해진 것에서 벗어나는 데서 창의력은 시작되지요. 책을 세우려면 집중력과 섬세한 활동이 필요합니다.

"책으로 도미노 놀이를 해볼까? 아빠랑 같이 책을 하나씩 하나씩 세워보자. 저기 끝까지 가는 거야!"

중간중간 아이가 넘어트리기도 하고, 아빠가 실수하기도 했습니다. 드디어 책 도미노가 완성되었습니다.

첫 번째 책을 발로 툭 밀었습니다. 차례대로 다다다다 넘어져서 마지막까지 성공했습니다. 통쾌하지? 이번엔 조금 더 길게 쌓아볼까?

이 놀이에 달린 소셜댓글

 이○○ 민○○ 책도 많은데 이런것도 괜찮네 ㅋㅋㅋ

217

뛰는 아이

놀이 도구

책

놀이 상황

제대로 놀고 싶을 때

아주 멋진 탑이 생겼습니다
책 탑 쌓기

책을 펼쳐 세워서 탑을 쌓는 놀이입니다. 시간적으로 여유가 있을 때 아이와 함께 하면 좋습니다. 책을 펼쳐서 탑을 쌓기 시작했습니다. 하다 보니 중간중간에 책이 넘어지기도 했습니다. 생각보다 모서리가 뾰족하니, 아빠도 아이도 다치지 않도록 주의하시면 좋겠습니다. 하나씩 하나씩 쌓았을 뿐인데 어느새 아이의 키보다 높아졌습니다. 의자를 밟고 올라가서 탑 쌓기를 계속했습니다. 그러다 보니 천장까지 닿았네요. 정말 아이들이 대단합니다. 간단한 1분 놀이가 10분을 훌쩍 넘기더니 1시간 동안 열심히 책을 쌓아올렸습니다. 아이들의 창의력과 집중력, 도전정신에 감탄했습니다. 얘들아! 훌륭해.

★ 16가지 놀이 효과 ★

아동발달 전문가의 한마디
책을 정해진 규칙 없이 쌓으려면 창의력을 발휘해야 합니다. 또한 물리적 균형감각도 익히게 됩니다. 원하는 모양대로 만들고 나면 성취감도 크지요.

"잘 쌓고 있네. 여기도 한번 쌓아볼까? 그렇지! 나이스"

아이와 함께 하나씩 하나씩 책으로 탑을 쌓았습니다. 집중해서 창의적으로 탑을 쌓아가는 모습이 참 대견합니다. 중간중간 책이 쓰러지기도 했습니다. 뾰족한 모서리와 날카로운 종이에 다치지 않도록 주의하셔야 합니다.

결국 천장까지 쌓았습니다. 아이들의 잠재력은 무궁무진해요.

이 놀이에 달린 소셜댓글

김○○ 재미있는 놀이 소개 감사합니다^^

장○○ 어렸을 때 집에 있었던 디즈니 동화 전집(커버가 딱딱해서 제격이었어요)으로 본부 만들면서 놀았던 게 기억나네요.

뛰는 아이

아빠랑 반대로 행동하고 싶어요
청개구리 놀이

놀이 도구

필요 없음

놀이 상황

출퇴근 할 때

청개구리처럼 아빠의 행동을 반대로 따라 하는 놀이입니다. 아빠가 앉으면 아이는 일어서고, 아빠가 오른쪽 손을 들면 아이는 왼쪽 손을 드는 것이죠. 청개구리 동화를 들려주어서 그런지 규칙을 잘 이해합니다. 무료하고 심심할 때 아이들과 한 번씩 합니다. 아빠가 왼다리를 들었습니다. 그랬더니 아이도 왼다리를 들어요. 마주 봤을 때는 그게 반대 방향으로 보이기 때문입니다. 아빠가 점프했습니다. 그랬더니 아이는 털썩 자리에 앉아요. 다섯 살 아이도 곧잘 따라 합니다. 그런데 이거는 놀이일 뿐이야. 아빠 말씀 잘 들어야 한다!?

★ 16가지 놀이 효과 ★

아동발달 전문가의 한마디
이 놀이를 잘 수행하기 위해서는 상대의 모습을 잘 살피는 관찰력이 요구됩니다. 또한 상대의 행동을 보고 그와 반대로 행동하기 위해서는 사고력과 민첩성도 필요합니다.

"아들 청개구리 알지? 그것처럼 아빠의 행동을 반대로 하는 거야!"

아빠가 한쪽 발을 들었습니다. 아이는 반대편 발을 들었습니다. 그런데 팔도 반대로 해야 된대요. 아빠가 팔을 모은 것을 보고 아이는 쭉 폈습니다.

우와! 대단해요. 정말 잘했다. 벌써 이렇게 컸구나. 기특해! 하지만 놀이는 놀이일 뿐. 아빠 말 잘 들어라!

이 놀이에 달린
소셜댓글

 이○○ 5세 미만은 반대로 따라 하기 어려울 수도 있어요.
그땐 그냥 똑같이 따라 하기로 해도 됩니다~~^^

뛰는 아이

놀이 도구

필요 없음

놀이 상황

에너지 발산

피하세요! 통나무가 굴러옵니다
통나무 넘기

아빠 통나무가 데굴데굴 굴러갑니다. 그러면 아이가 점프해서 피하는 놀이입니다. 거실 마루나 넓은 매트 위에서 아이들과 자주 합니다. 아빠가 누워서 할 수 있어서 은근히 좋습니다. 천천히 아이를 향해서 굴러갑니다. 아이가 아빠 통나무를 보고 훌쩍 뛰어넘었습니다. 제법입니다. 이번에는 아이를 향해 반대쪽으로 다시 굴러갑니다. 아이도 재빠르게 반응합니다. 굴러오는 아빠 통나무를 또다시 뛰어넘었습니다. 몇 번을 굴러다녔더니 아빠도 아이도 흥이 고조됩니다. 바로 레슬링, 베개 싸움 등으로 이어집니다. 한바탕 놀고 나니 어느새 땀이 흥건하네요. 아이와 함께 뒹굴며 노는 이 시간이 참 행복합니다. 다만, 너무 뛰다 보면 아파트에서는 층간소음이 발생할 수 있으니 주의하세요. 침대 위에서 하는 것도 다칠 수 있어 조심해야 합니다. 배려와 안전!

★ 16가지 놀이 효과 ★

아동발달 전문가의 한마디
이 놀이를 하려면 아이는 미리 준비하고 있다가 아빠의 몸이 가까이오는 순간 높이 뛰어야 합니다. 순간 집중력과 민첩성이 자극되는 놀이입니다.

"아빠 통나무가 굴러갑니다. 데굴데굴, 조심하세요, 어서 피하세요!" 아이가 재빠르게 피합니다. 대단해요.

아이를 향해서 다시 한 번 통나무가 굴러갑니다. 이번에도 역시 아이가 아빠 통나무를 훌쩍 뛰어넘습니다.

우와, 정말 대단합니다. 잘했어, 아들! 언제 이렇게 컸나요? 그동안 튼튼하고 건강하게 자라준 아이가 새삼 고맙습니다. 최고야!

이 놀이에 달린
소셜댓글

 김○○ 아빠 굴러가유~ 넘어라 폴짝!

뛰는 아이 🏃

놀이 도구
보자기

놀이 상황
에너지 발산

아빠를 향해 돌진!
투우 놀이

투우 아시죠? 외투나 보자기 등을 아이에게 흔들면 아이가 달려드는 놀이입니다. 퇴근해서 입고 있던 옷을 정리하던 참이었습니다. 그때 아이가 아빠 옆으로 졸래졸래 따라왔습니다. 옷을 거는 척하다가, 아이를 향해 살살 흔들었습니다. 그러자 아이가 아빠를 향해서 무섭게 달려듭니다. 결국, 옷자락 하나 가지고 온 집 안을 도망 다니고 쫓아다니며 신나게 놀았습니다. 다만 너무 흥분하다 보면 아이가 어디 부딪힐 수도 있고, 소음을 일으킬 수 있으니 꼭 주의하세요. 에너지도 발산하고 재미있기까지 한 투우 놀이입니다.

★ 16가지 놀이 효과 ★

아동발달 전문가의 한마디
아이는 몸의 움직임을 조절하며 자기 몸을 통제하는 방법을 배웁니다. 또한 투우 경기 속 소의 역할을 수행하기 위해 평소와 다른 소리도 내고 좀 더 과감하게 행동을 취하다 보면 스트레스도 해소됩니다.

우선 투우에 대해서 설명해줍시다. 시작하기 전에 기합 한 번!

아빠가 보자기를 펄럭펄럭거렸습니다. 그러자 아이가 황소 흉내를 내면서 무섭게 달려듭니다.

슉슉! 우리 아빠가 이리저리 잘 피하네요. 마음껏 에너지를 날려버리세요. 단, 층간 소음에 주의하셔야 합니다.

이 놀이에 달린 소셜댓글

> 문○○ 흔들어줘도 달려가요. 아빠 조심!

놀이 도구

페트병

놀이 상황

제대로 놀고 싶을 때

스트라이크! 볼링의 달인 납시오
페트병 볼링

페트병을 세우고 공을 굴려서 쓰러트리는 놀이입니다. 사용하던 페트병을 모아 놓거나 분리수거할 때 몇 개 가져와서 할 수도 있습니다. 10~15개 정도 사용하니 딱 좋았습니다. 아이와 함께 대열을 갖춰서 페트병을 세웠습니다. 이따금 볼링핀이 넘어지곤 하지만, 이것도 놀이의 과정입니다. 자, 준비되었습니다. 신문지 볼링공을 힘껏 굴렸습니다. 생각만큼 잘 안 되지요. 자주 빗나갑니다. 몇 번 시도하다 보니 하나 제대로 걸렸습니다. 볼링공이 1번 핀에 정확히 맞더니 모든 볼링공이 쓰러졌습니다. 와우! 스트라이크!

★ 16가지 놀이 효과 ★

아동발달 전문가의 한마디
표적에 공을 정확하게 맞히려면 행동을 섬세하게 조절할 필요가 있습니다. 가운데 병을 맞혀도 때론 다 쓰러지지 않을 수도 있죠. 아이와 그 다음에는 어떻게 공을 굴릴지 전략을 세워보세요.

"저 페트병 보이지? 공을 굴려서 쓰러트리는 거야. 봐봐 이렇게!"

아이가 공을 굴렸습니다. 제법 잘 맞혔어요. 아주 잘했습니다.

스페어 처리는 아빠가 해볼게. 자, 다음번엔 스트라이크 도전!

♡

이 놀이에 달린 소셜댓글

박○○ 스트라이크! 시원합니다~!

뛰는 아이

놀이 도구

페트병

놀이 상황

제대로 놀고 싶을 때

우리 집 홈런왕 탄생

페트병 야구

페트병 방망이로 야구공을 힘껏 치는 놀이입니다. 야구의 인기는 늘 대단하지요. 아이의 손에 페트병 방망이를 쥐어주었습니다. 제법 폼을 잡고 섭니다. 물론 조금 어설프긴 해요. 신문지를 뭉쳐 야구공을 만들어서는 아이에게 살살 던져주었습니다. 그랬더니 방망이를 힘껏 휘두릅니다. 처음엔 잘 안 맞았어요. 그런데 몇번 연습하다 보니까 한 번씩 공을 쳐냅니다. 그러다가 제대로 한 방 걸렸습니다. 홈런! 우리 집 야구왕이 탄생하는 기쁜 순간입니다. 넘어져 깨질 만한 물건이 있다면 미리 치워두는 센스!

★ 16가지 놀이 효과 ★

민첩성 / 근 지구력 / 스트레스 해소 / 자신감 / 집중력 / 협동심

아동발달 전문가의 한마디

신체를 직접 사용하지 않고 도구를 이용하는 놀이는 균형감각과 민첩함을 기를 수 있습니다. 공이 오는 것을 잘 보고 빠르게 페트병을 휘두르려면 시각적 주의 집중력도 필수죠.

"아빠가 야구공 던져줄게. 방망이로 힘껏 쳐 봐!"

아빠가 공을 던졌습니다. 아이가 방망이를 힘차게 휘두릅니다.

퍽! 잘 맞았습니다. 홈런! 이렇게 잘 칠 줄은 몰랐네요. 우리 아들 홈런왕 인정!

이 놀이에 달린 소셜댓글

박○○ 오~ 잘 치는데요. 또 쳐봐라. 이얍!

뛰는 아이

놀이 도구
─
풍선

놀이 상황
─
에너지 발산

맞아도 맞아도 아프지 않습니다
풍선 싸움 놀이

풍선으로 상대방을 공격하는 놀이입니다. 아이들은 풍선을 참 좋아해서 길에서 나눠주는 것들도 곧잘 받아오곤 합니다. 하지만 막상 집에 가지고 오면 처치 곤란인 경우가 많은데요. 아이랑 신나게 한바탕 놀고 풍선을 정리합시다. 큰딸의 양손에 풍선을 쥐어줬습니다. 그리고 먼저 풍선으로 아이를 살살 툭 쳤습니다. 그랬더니 아빠를 향해서 양쪽 풍선으로 마구 공격합니다. "으아으아!" 추임새를 넣어주니 신나는지 더 힘껏 풍선을 휘둘렀어요. 다만, 풍선이 터질 수 있으니 미리 일러두세요. 승자도 패자도 없는 행복한 풍선 싸움 놀이입니다.

★ 16가지 놀이 효과 ★

아동발달 전문가의 한마디
친구들이랑 놀다 보면 조금 서운하거나 화가 나는 상황이 생길 수 있습니다. 하지만 일시적인 감정일 뿐 잠깐만 참으면 곧 마음이 풀어지고 다시 즐겁게 놀 수 있죠. 아빠와 놀이를 하며 이런 과정을 연습하는 것도 좋습니다. 사회성을 기르는 좋은 기회로 삼도록 도와주세요.

"우리 풍선으로 싸움놀이 해볼까? 다치지 않게 서로 풍선으로 공격하는 거야!"

아빠가 풍선으로 툭툭 건드렸습니다. 그러자 무섭게 달려듭니다. 얼마나 신나는지 양손으로 풍선을 마구 휘두릅니다. 혹시라도 풍선이 터질 수 있으니 미리 이야기해두세요.

항복 항복! 결국 한참 얻어맞았습니다. 그래도 아프지는 않아요. 승자도 패자도 없는 행복한 풍선 싸움입니다.

♡

이 놀이에 달린 소셜댓글

이○○ 협응력도 길러지지만 애들이 갖고 있는, 아빠들이 파악할 수 없는 스트레스를 발산할 수 있는 놀이라 할 수 있겠네요!

뛰는 아이

놀이 도구

화장지

놀이 상황

제대로 놀고 싶을 때

키보다 높은 화장지 탑을 쌓읍시다
화장지 탑 쌓기

두루마리 화장지로 탑을 쌓는 놀이입니다. 화장지를 구입하거나 집들이 선물로 잔뜩 들어왔을 때 하면 좋습니다. 화장지가 넓고 커서 쌓기 놀이를 하기에 적절했습니다. 기초부터 튼튼하게 하나씩 하나씩 쌓았습니다. 어느새 아이의 키보다도 더 높은 곳까지 쌓아 올렸습니다. 아빠가 살짝 들어올려주다가 결국 의자를 가지고 와서 휴지를 쌓았습니다. 그리고 마지막에는 시원하게 격파입니다. 발로 뻥! 차자 와르르 화장지 탑이 무너집니다. 보기만 해도 시원하네요! 역시 쌓기 놀이의 마지막은 부수기입니다.

★ 16가지 놀이 효과 ★

아동발달 전문가의 한마디
자기 손으로 직접 만든 결과물이 크고 눈에 잘 보이면 성취감도 크지요. 무너지지 않게 쌓기 위해 자기 조절력과 집중력도 자극됩니다.

"우리 화장지를 가지고 탑을 쌓아볼까? 이렇게 하나씩 하나씩, 해보자!"

화장지 탑이 어느새 아이의 키보다 높아졌습니다. 주변에 있는 받침대를 밟고 올라가서 쌓아올리기 시작했습니다.

쌓기 놀이의 마지막은 부수기죠. 발로 뻥! 탑이 와르르 무너집니다. 보기만 해도 시원하네요!

이 놀이에 달린 소셜댓글

 조○○ 우리 집 화장지 다 뜯어야겠다.

뛰는 아이

놀이 도구

화장지

놀이 상황

제대로 놀고 싶을 때

입으로 후~ 불어서 하는 축구 시합

화장지 입바람 축구

입으로 바람을 불어서 휴지 축구공을 상대방에게 보내는 놀이입니다. 아이와 즐겁게 놀면서 승부를 가르쳐주고 싶을 때 한번 해보세요. 휴지를 뭉쳐서 축구공을 만들었습니다. 테이블 위에 놓고는 아이에게 시합하자고 제안했습니다. 아빠가 놀자고 하면 아이는 흔쾌히 잘 따라와줍니다. 그것이 참 고마워요. 아이가 입으로 후 불자 축구공이 날아옵니다. 아빠도 후~ 불어서 축구공을 멈추거나 바로 아이에게 보냈습니다. 아이의 바람 세기를 배려하면서 몇 번 주고받다 보니까 금세 익숙해졌습니다. 결과는 3:5, 우리 아이의 승리입니다.

★ 16가지 놀이 효과 ★

아동발달 전문가의 한마디

처음에는 간단한 규칙으로 시작하지만, 아이가 익숙해지면 한 번씩 번갈아 한다든가, 골 위치를 정한다든가 하는 규칙들을 만들어보세요. 약속과 규칙의 개념을 배울 수 있습니다. 아빠와 경쟁하는 게임을 통해 아이는 자신감을 키울 수 있습니다.

"휴지 축구공을 입으로 불어서 아빠한테 골을 넣는 거야. 한번 후~ 불어볼래?"

아이가 입으로 바람을 불자 축구공이 날아옵니다. 아빠도 후~ 불었습니다.

아이고 그런데 아빠 쪽으로 공이 들어갔습니다. 골인! 우리 아들의 승리!

이 놀이에 달린
소셜댓글

 주○○ 김○○ 폐활량 괜찮음??

 조○○ 표○○ 휴지 한 칸이면 끝! 박○○ 아빠는 멋쟁이~ ㅋㅋ

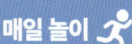 매일 놀이

 놀이 도구 — 필요 없음

 놀이 상황 — 출퇴근 할 때

매일 더 행복한 놀이

매일 놀이 3종 세트

언제 해도 즐겁고 행복한 놀이들입니다.

배방구 : 아이의 배에다 방구를 뿌웅 뀌어주면 아이는 꺄르르 꺄르르 좋아합니다. 갓난아기 때부터 훌쩍 큰 지금까지 언제 해도 재밌습니다. 진리의 배방구.

하이파이브 : 잘했을 때, 격려하고 싶을 때, 위로하고 싶을 때, 심지어 인사할 때도 할 수 있습니다. 아이와 손바닥을 마주치는 것만으로 큰 교감이 이뤄집니다. 멋지게 주먹으로 하이파이브를 해도 새롭지요.

뽀뽀 : 출근할 때, 퇴근할 때, 잠들기 전, 그냥 할 수 있을 때 많이 해주세요. 아빠가 아이를 얼마나 사랑하는지 많이 표현해주세요. 사랑은 표현해야 합니다. 5초면 할 수 있는 놀이들입니다. 하지만 그 효과는 어마어마합니다. 아주 많이 해주세요.

★ 16가지 놀이 효과 ★

스트레스 해소 | 친밀감 | 자신감
공감능력 | 소통능력 | 배려심

아동발달 전문가의 한마디
아빠랑 일상적으로 스킨십을 하고 즐거운 추억을 많이 쌓는 것, 최고의 놀이 효과입니다.

배방구
"배에다 방구를 뿌~웅 뿌~웅, 또 한 번 뀔까?"

하이파이브
"잘했어 아들. 나이스, 최고야!"

뽀뽀
"딸, 아빠가 많이 사랑해! 네가 있어 행복해"

이 놀이에 달린 소셜댓글

 조○○ 이 간단한 입맞춤이 이렇게 좋은가요!? ☺

 장○○ 할 수 있을 때 많이 합시다!

자매품

아빠 놀이 카드

랜덤한 재미가 있는 《아빠 놀이 백과사전》의 카드 버전

예상 못한 놀이의 재미

아빠 놀이 카드는 아빠와 아이가 언제 어디서나 손쉽게 할 수 있는 아빠 놀이 100가지를 소개합니다. 아빠와 아이가 직접 카드를 뽑아서 할 수 있는 《아빠 놀이 백과사전》의 카드 버전이에요. 랜덤하게 선택되는 예상 못한 놀이의 재미를 즐겨보세요. 휴대가 간편해서 여행 갈 때나 나들이에서도 간단히 즐길 수 있습니다. 아빠와 아이의 소요되는 체력 별을 표시해서 뽑는 재미를 더했습니다. 하루 1분! 온 가족이 행복한 시간. 아빠 놀이를 통해 아이와 소중한 추억을 만들어보세요.

아빠 놀이 카드 구성

앞면

뒷면

- 한줄 제목
- 놀이 이름
- 놀이 사진
- 놀이 설명
- 아빠 & 아이 체력 별

아빠 놀이
백과사전
100 Ways for Dad to Play with His Child

초판 1쇄 발행 · 2019년 2월 7일
개정판 1쇄 발행 · 2023년 7월 11일

지은이 · 조준휘, 장기도
감수 · 정재희
발행인 · 이종원
발행처 · (주)도서출판 길벗
출판사 등록일 · 1990년 12월 24일
주소 · 서울시 마포구 월드컵로 10길 56(서교동)
대표 전화 · 02)332-0931 | 팩스 · 02)323-0586
홈페이지 · www.gilbut.co.kr | 이메일 · gilbut@gilbut.co.kr

기획 · 황지영 | 책임편집 · 이미현(lmh@gilbut.co.kr) | 본문 디자인 · 최주연 | 제작 · 이준호, 손일순, 이진혁, 김우식
마케팅 · 이수미, 장봉석, 최소영 | 영업관리 · 김명자, 심선숙, 정경화 | 독자지원 · 윤정아, 최희창

기획 · 이진아 | 사진 · 김준원, 박광민 | 전산편집 · 예다움
인쇄 · 교보피앤비 | 제본 · 신정문화사

• 잘못된 책은 구입한 서점에서 바꿔 드립니다.
• 이 책에 실린 모든 내용, 디자인, 이미지, 편집 구성의 저작권은 길벗과 지은이에게 있습니다.
  허락 없이 복제하거나 다른 매체에 옮겨 실을 수 없습니다.

ISBN 979-11-407-0450-7 13590
(길벗 도서번호 050188)

독자의 1초를 아껴주는 정성 길벗출판사

(주)도서출판 길벗 | IT교육서, IT단행본, 경제경영서, 어학&실용서, 인문교양서, 자녀교육서 www.gilbut.co.kr
길벗스쿨 | 국어학습, 수학학습, 어린이교양, 주니어 어학학습, 학습단행본 www.gilbutschool.co.kr

제 품 명 : 아빠 놀이 백과사전		주 소 : 서울시 마포구 월드컵로 10길 56(서교동)		
제조사명 : (주)도서출판길벗		제조년월 : 판면에 별도 표기		
제조국명 : 대한민국		사용연령 : 5세 이상		
전화번호 : 02-332-0931		KC마크는 이 제품이 공통안전기준에 적합하였음을 의미합니다.